消費需要と日本経済

関谷喜三郎 ［著］

創成社

はしがき

　本書は，バブル崩壊以降の日本経済の変遷を消費需要の変化に焦点を当てながら考察しようとするものである。従来，経済の動向を見る場合には，需要面にしても供給面にしても民間投資の動向が注目されてきた。また，海外取引の拡大に伴って，為替レートの変動に関連する国際収支の変化が重視されている。それに比べて，家計の消費は総需要の水準を根底で支える重要な役割を果たしているにもかかわらず，所得の状況に依存することから，経済活動を左右する動因というよりも，生産活動の結果によって影響を受ける「受け身の需要」とみられてきた。しかしながら，バブル崩壊後の日本経済の動向をみると，消費不況という言葉に象徴されるように，消費の低迷と景気の停滞に密接な関係があると考えられる。

　戦後，日本経済は年平均9％という高度経済成長の時代を経て，1970年代前半に生じた2度の石油ショックにより年平均4％台の低成長時代へと変化していった。以降，安定成長の時代が1980年代半ばまで続いたが，80年代後半にバブル景気が発生することになる。土地，株式を中心にして異常な値上がりを見せたバブルは1990年に崩壊するが，バブル崩壊の影響は予想以上に大きく，それ以降日本経済は年平均1％台という超低成長時代に入る。2000年代初頭には失業率が5％を超える大量失業の発生を経験し，高校，大学の新卒者に就職氷河期と呼ばれる状況をもたらすことになった。

　バブル崩壊は，資産価値の大幅な低下をもたらし，金融機関に不良債権を発生させたが，それによる金融不安の拡大は，企業活動を抑制し，実体経済を停滞させることになった。経済活動が急速に低下する中で，資産価値の暴落は家計にも大きな影響を与え，消費需要を減退させた。さらに，1990年代後半からは，物価の下落によりデフレが発生することになる。

　2000年代に入り，不良債権処理の加速化により金融の不安定化は克服でき

たものの，グローバル化による市場競争の激化が企業に対し生産コスト低下への圧力を増大させることになる。企業は，消費需要が伸びない中で，コスト低下と収益確保のために人件費を削減するようになる。これは，デフレを一層促進させるとともに，非正規雇用の増加による賃金の低迷をもたらすことになった。

　デフレ経済のもとに低価格志向が続く状況で，企業は販売量を拡大することによって収益を確保せざるをえない状況に直面することになる。そうした状況の中で，生産拡大のために必要となる労働力を非正規雇用で賄うことにより，雇用は増えているにもかかわらず，賃金は低迷することになる。賃金の低下は，一時的に企業業績を支えるが，家計の所得を抑制するため，消費需要を低迷させることとなった。

　現代においては，人口減少とグローバル化による競争激化の中で，日本経済は高い成長が望めなくなっている。そうした中で，海外取引の変動を吸収し，景気を安定させるためには，総需要の約6割を占める消費需要の安定的な増加が必要とされる。しかしながら，現在の家計には消費の安定的な増加を維持する力がない。なぜなら，賃金が低迷する状況で，家計の経済的耐久力が低下しているからである。これまで以上に世界経済の変化に影響を受ける日本経済に必要なのは，家計の経済力の安定である。そのためには，経済活動における家計の役割を再評価し，家計の健全な発展のためには何が必要であるかを再確認することが重要である。

　本書では，これまで必ずしも重視されなかった消費需要の動向に注目しながらバブル崩壊後の約20年にわたる日本経済の現状を考察している。第1章では，マクロの視点から日本経済の総体を把握する上で必要な国内総生産（GDP）の基本的な枠組みを示している。そこでは，国民経済に占める消費需要の大きさに注目するとともに，次章以降の経済分析の基本的な枠組みを確認する。第2章では，1990年代を前半と後半に分け，90年代前半ではバブル崩壊による衝撃が日本経済に与えた影響を分析し，後半では不況が深刻化するにしたがって生じた消費需要の低迷の状況を考察する。さらに，日本経済の構造的な変化を踏まえて，これからの課題を展望している。第3章では，90年代

の経済停滞をもたらした消費需要の低迷を資産価値の下落と関連させて分析し，資産価値の下落によるマイナスの資産効果が消費を低下させている現状を検証している。第4章では，耐久消費財の買い替え需要による消費の変化に注目し，耐久消費財に対する需要の循環的変動を考察している。第5章は，消費需要の動向を中心にして，実感なき成長期と呼ばれた2000年代前半の日本経済の現状を分析する。ここでは，企業の収益回復がなぜ消費の増加に結びつかなかったのかを家計所得の2極化という視点から説明している。第6章では，2000年代における消費の低迷を雇用構造の変化と関連させて論じている。ここでは，1990年代後半から2000年代前半にかけて，とくに若年層を中心にして完全失業率が高止まりする一方で，非正規雇用が増加している現状を考察し，その課題と問題点を検討している。第7章では，雇用と消費という観点から，現代の女性雇用の問題を論じている。ここでは，女性雇用が増加している背景を探りながら，女性の就業率の増加の可能性と課題を検討する。さらに，女性の就業機会が増えることが消費需要の増加に寄与する点に注目する。第8章では，日本経済における消費低迷の背後には，産業間における賃金格差があることに注目し，とくに労働需要の大きい非製造業で賃金が低迷し，労働需要が少ない製造業で賃金が高い状況に関して，その原因を究明する。さらに，産業構造の変化に伴う製造業から非製造業への労働移動が賃金格差を生み出し，それが消費の低迷に繋がっていることを説明している。第9章では，現代の日本経済において，消費需要の不安定化と景気の低迷が相互に関連している点に注目し，消費の安定が経済の安定にとって重要であることを論じる。さらに，雇用構造の変化と賃金の動向を検討することによって消費が低迷する要因を分析している。最後に，第10章では，これまで市場において家計がどのように評価されてきたのかを経済学説史の文献の中から確認するとともに，経済社会の安定のためにも，経済活動における家計の役割と重要性が再認識される必要があることを論じる。

　言うまでもなく，家計は経済活動を支える最も重要な基盤である。それは単に消費を生み出すだけでなく，経済活動を支える資金の供給源であり，また，人的資源の供給源でもある。しかしながら，長引く賃金の低迷により家計の経

済的耐久力が低下している。それは，消費需要を低迷させるだけでなく，少子化の原因にもなっている。家計の経済力の低下は社会生活の安定を損なう恐れがある。ゆえに，家計の健全な発展が経済社会の健全な発展の基礎であることを再認識する必要があるといえる。本書の消費を中心とした日本経済の考察の意図もそこにある。

2019 年 4 月

関谷喜三郎

目　次

はしがき

第 1 章　経済循環と経済活動 ———————————————— 1
　　1．経済循環の構図……………………………………………… 1
　　2．国内総生産と三面等価……………………………………… 5
　　3．有効需要と国民経済………………………………………… 12

第 2 章　成長屈折と日本経済の課題 ———————————— 15
　　1．はじめに……………………………………………………… 15
　　2．需要低迷の要因分析………………………………………… 17
　　3．経済構造の変化と日本経済………………………………… 28
　　4．環境問題と日本経済………………………………………… 32
　　5．おわりに……………………………………………………… 33

第 3 章　資産価値の変化と消費需要 ———————————— 36
　　1．はじめに……………………………………………………… 36
　　2．資産価値の変化と消費需要………………………………… 37
　　3．家計の金融資産選択行動と資産価値変化………………… 38
　　4．資産デフレの構造…………………………………………… 44
　　5．資産デフレとマクロ経済…………………………………… 47
　　6．結びに代えて………………………………………………… 48

第 4 章　耐久消費財のストック循環 ———————————— 53
　　1．はじめに……………………………………………………… 53

2．消費需要とマクロ経済 ……………………………………… 53
　　3．マクロ経済と耐久消費財のストック調整 …………………… 54
　　4．耐久消費財の循環的要因 ……………………………………… 58
　　5．消費需要の構造分析の必要性 ………………………………… 60

第 5 章　消費低迷の要因分析 ————————————— 62

　　1．はじめに ………………………………………………………… 62
　　2．景気後退の要因分析 …………………………………………… 63
　　3．消費需要低迷の要因分析 ……………………………………… 68
　　4．消費性向のマクロ経済分析 …………………………………… 74
　　5．マクロ・バランスと貯蓄動向 ………………………………… 76
　　6．産業構造の転換と経済成長 …………………………………… 78
　　7．結びに代えて—内需と外需のバランス— ………………… 79

第 6 章　非正規雇用と低賃金 ————————————— 82

　　1．はじめに ………………………………………………………… 82
　　2．所得格差の現状 ………………………………………………… 82
　　3．失業率および非正規雇用の現状 ……………………………… 84
　　4．非正規雇用増加の要因 ………………………………………… 89
　　5．若年労働者の雇用問題 ………………………………………… 91
　　6．非正規雇用による経済格差の問題と対応策 ………………… 92
　　7．おわりに ………………………………………………………… 99

第 7 章　女性の労働市場と消費行動 ————————— 103

　　1．はじめに ……………………………………………………… 103
　　2．経済成長の要因と女性の労働市場 ………………………… 103
　　3．マクロ経済の構図 …………………………………………… 104
　　4．労働市場における女性の雇用と賃金 ……………………… 105
　　5．働く女性の消費需要 ………………………………………… 112
　　6．おわりに ……………………………………………………… 118

目　次 | ix

第 8 章　産業間の労働移動と賃金格差 ———————— 122

　　1．はじめに··122
　　2．雇用と賃金のマクロ分析··122
　　3．産業別雇用・賃金の動向···127
　　4．産業別雇用形態と賃金格差··130
　　5．賃金引き上げと労働生産性···133
　　6．賃金格差是正と労働の質の改善·······································138
　　7．おわりに···141

第 9 章　消費需要の低迷とマクロ経済 ———————— 145

　　1．はじめに··145
　　2．消費需要の現状···146
　　3．消費需要低迷の要因分析···149
　　4．消費と不確実性···155
　　5．賃金動向の要因分析···163
　　6．おわりに···167

第 10 章　消費と市場経済 ——————————————— 172

　　1．はじめに··172
　　2．経済学における消費と消費者··173
　　3．消費者の行動と市場···176
　　4．消費経済の持続可能性··179
　　5．学際的研究の必要性···181
　　6．市場の現実···183
　　7．消費と経済社会···187

あとがき　193
索　　引　194

初出一覧

　本書に収録した第2章から第10章の初出は下記のとおりである。ただし，本書への収録に際し，章立ての構成上いくつかの章についてタイトルを変更している。また，内容についても加筆・修正を行っている。

第 2 章　「日本経済の現状と課題」中本博皓編著『現代日本経済の課題』所収，税務経理協会，2000年

第 3 章　「消費需要のストック分析」『政経研究』第33巻第1号，日本大学法学会，1996年

第 4 章　「耐久消費財のストック循環」『日本消費経済学会年報』第21集，日本消費経済学会，2000年

第 5 章　「日本経済のマクロ分析」石橋春男編著『現代経済分析』所収，創成社，2010年

第 6 章　「経済活動からみた格差社会の諸問題」『消費経済研究』第1号（通巻33号）日本消費経済学会，2012年

第 7 章　「雇用形態と消費需要—女性の労働市場と消費行動」『消費経済研究』第2号（通巻34号）日本消費経済学会，2013年

第 8 章　「産業間の労働移動と賃金格差」『商学研究』第31号，日本大学商学部商学研究所，2015年

第 9 章　「消費需要のマクロ経済分析」『商学研究』第34号，日本大学商学部商学研究所，2018年

第10章　「消費と市場経済」『消費経済研究』第3号（通巻35号）日本消費経済学会，2014年

第1章　経済循環と経済活動

1．経済循環の構図

（1）経済循環の構造

　経済活動は，生産と消費の繰り返しによって成り立っている。企業が生産する財・サービスが家計によって消費され，また生産され消費されるという循環的なプロセスによって経済活動が形成されていく。経済活動が行われる過程で生産の成果が所得として分配され，それが生産物の購入のために支出されることにより需要となる。需要は次の生産を可能にし，新たな所得が生み出されていく。このようにして，経済活動は生産，分配，支出の循環的な結びつきの中で運行していく。

　国民経済を構成する経済主体は大きく分けて，家計部門，企業部門，政府部門の3つに分けられる。さらに，一国の経済活動は貿易取引と資本取引を通じて外国と取引しているので，海外活動まで入れると海外部門を含む4部門となる。

　まず国内の家計，企業，政府の3部門の関係に焦点を当てて経済の循環的活動をみておく。この動きを示しているのが図1-1の経済循環図である。ここで，家計部門は企業に労働・土地・資本といった生産要素を提供し，その見返りに所得を受け取る。家計はそれを用いて企業から財・サービスを購入する。所得の一部は貯蓄に回される。企業部門は家計から提供された生産要素を用いて財・サービスを生産し，それを家計に販売する。企業は販売によって得た収入から家計に生産要素の代金を支払い，一部を内部留保として保有し，次期の

投資に備える。政府部門は家計および企業から税金を徴収し，それにもとづいて各種の行政サービスを提供している。

　家計，企業，政府の間には図1－1に示される以外の結びつきもある。その1つは，家計と政府の関係である。家計が生産要素としての労働を提供するのは企業だけでなく政府の場合もある。公務員として働くケースがそれである。この場合には，家計は政府に労働を提供し，その見返りに賃金を受け取る。政府は公務員によって行政サービスを提供している。さらに，家計は生産要素を提供することなく政府から所得を受け取ることがある。年金や各種の社会保障費である。これらを移転支出という。これは市場を介さない政府から家計への直接的な支払である。また，家計部門の間でも経済取引がある。たとえば，他の家計に家事サービスを提供してお金をもらう場合である。企業間における資本財の取引もある。ここでは，単純化のためにこうした活動は捨象している。

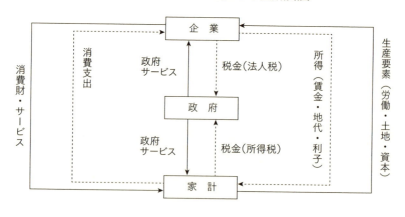

図1－1　家計・企業・政府による経済循環図

（2）経済循環と市場

　家計，企業，政府の経済活動は循環的な結びつきを持っているが，そこには各種の市場が成立している。そのうち最も基本的な市場は，家計と企業の間に成立する生産物市場である。これは企業が生産する財・サービスを家計が購入するときに成り立つ消費財の市場であり，通常，経済活動を表す時の市場は

財・サービスを取引するこの生産物市場である。ここでは，家計は財・サービスを需要する側であり，供給する側は企業である。

これに対し，家計が供給側になり，企業が需要側になる市場もある。それは生産要素の市場である。その1つが労働の需要と供給から成る労働市場である。生産要素としての労働は家計が供給し，企業が需要する。土地の貸借や売買の場合も，家計の提供する土地を企業が使うので，供給側は家計であり，企業は需要側である。

現実の経済活動ではそれぞれの市場が密接に関係している。たとえば，生産物市場と労働市場の関係をみると，生産物市場で財・サービスの取引が拡大すると，企業の生産活動が活発になるので，企業は雇用を拡大する。それは労働市場で労働需要を増大させることになる。労働市場で雇用が拡大すると家計の所得が増える。所得の増大により消費需要が増加すると生産物市場はより活発化することになり，景気が上昇する。それはさらに労働市場で労働需要を増加させ，雇用，賃金の上昇をもたらすことになる。反対に，生産物市場で財・サービスの売り上げが減少する場合には，企業は生産を縮小するので，雇用が減少する。これは労働市場で労働需要を減少させることになる。その結果，家計の所得も減るので，生産物市場で需要が減少し，企業の生産水準も低下することになる。

経済活動においては，政府も大きな役割を果たしている。政府は家計および企業の民間部門に対して公共財と呼ばれる警察，消防，教育，医療などの公共サービスの提供を通じて社会生活の維持と円滑化を図っている。また，道路，橋，港湾，上下水道などの生活関連社会資本や産業関連社会資本を整備することによって国民生活の安定化と経済活動の発展に寄与している。政府の提供する財やサービスは原則として無料でなされているが，その費用は国民からの税金によって賄われている。また，政府の税金は，家計や企業の税引き後の所得に影響するので，減税や増税が行われると経済活動に大きな影響を与えることになる。

（3）経済循環と金融システム

　図1-1では，経済活動について経済循環図を用いて説明したが，この図に金融活動を加えると，循環図はより複雑になる。図1-2では，経済循環に金融システムを加えている。

　家計部門は生産要素の提供の見返りに企業から受け取った所得をすべて支出するのではなく，その一部を貯蓄する。それは金融機関に預けたり，債券や株式で運用される。また，企業部門も生産活動による収入の一部を減価償却費という形で貯えるとともに，収益の一部を内部留保し，将来の投資に備えている。こうした企業の貯蓄も金融機関に預けられるか，債券，株式で運用されることになる。

　家計部門も企業部門も貯蓄をする一方で，金融市場を通じて経済活動に必要な資金を調達している。とくに，企業は投資を行う場合に金融機関からの借り入れか，証券市場を通じて社債，株式を発行することによって資金を調達している。家計も住宅ローンのように銀行から借入を行う場合がある。また，政府

図1-2　経済循環と金融システム

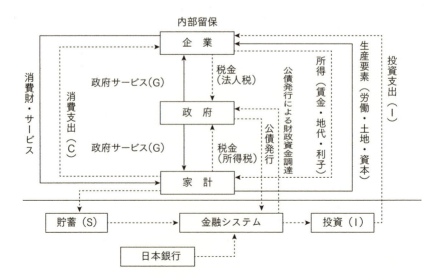

第1章　経済循環と経済活動 | 5

も歳出が歳入を上回り，税金で予算が賄えない場合には，国債の発行によって資金の不足を補うことになる。この場合にも，金融市場を通じて資金が調達される。

このように，家計，企業，政府ともに財・サービスの取引だけでなく，余剰資金の運用と不足資金の調達を行っている。経済循環の中で資金の過不足を調整する役割を担っているのが金融システムである。図1－2には，中央銀行としての日本銀行を含めて，銀行や証券会社から成る金融システムが図の下段に位置づけられている。

マクロ経済の視点から経済活動を見る場合に，金融と経済の関係はきわめて重要である。経済活動は貨幣を媒介にして行われているので，お金が経済活動の中で円滑に循環していくことが経済の安定的な成長にとって不可欠となる。とくに，金融市場を通じて家計の貯蓄が企業の投資に回っていくことが重要となる。その場合には，金利の動きが投資を左右するので，金利の水準を決定する金融市場の動きがマクロ経済に大きな影響を与えることになる。また，金利は為替レートの変化を通じて貿易にも影響を与えるので，経済活動を左右する重要な要因であるといえる。

2．国内総生産と三面等価

（1）国内総生産（GDP）

経済活動を考察する場合に最も重要な指標となるのが国内総生産（GDP：Gross National Product）である。国内総生産 GDP とは，一定期間に国内で新たに生産された財・サービスの合計である。

GDP は，一国経済における各企業の生産活動の成果を合計したものである。ただし，各企業の生産額を単純に合計した総生産額には他の企業から購入して生産活動に使った中間生産物額が含まれているので，そのまま合計すると他の企業の生産額を二重に計算してしまうことになる。そこで二重計算を防ぐために総生産額から中間生産物額を差し引く必要がある。すなわち，

国内総生産＝総生産額－中間生産物額

となる。総生産額から中間生産物額を引いたものを付加価値という。したがっ
て，GDP は，各企業の付加価値の合計ということができる。

（2）GDP 統計の原則

　GDP は，1 年間に新たに生み出された付加価値の合計である。それは，原
則として市場で取引された財・サービスに限られる。たとえばハウス・クリー
ニングの会社にお願いして家の掃除をしてもらうと清掃サービスが生産された
ことになるので，その代金は GDP に加算される。ただし，主婦が自分の家の
掃除をしても，家事労働は市場での取引がないので GDP の対象にはならな
い。GDP 集計の原則は市場で生産されたものである。

　また，GDP はその年に新たに生産された財・サービスの取引額を計算した
ものである。したがって，それ以前に生産された中古車や中古住宅の取引につ
いては，それが大きな金額で取引されても GDP には入らない。土地や債券，
株式，絵画，骨董といった資産の取引についても GDP には含まれない。たと
えば，1 億円の土地売買がなされ，その取引を仲介した不動産会社に 5 ％の手
数料が支払われたとすると，この取引から生み出された GDP は，不動産会社
に支払われた手数料の 500 万円だけであり，売買された 1 億円の取引金額は計
上されない。株式や債券の売買についても同様であり，GDP に計上されるの
は，証券会社に支払われる仲介手数料だけである。

　GDP は市場で取引されるものを対象とするが，例外もある。その 1 つが帰
属計算である。これは，実際には市場で取引されないものでも，あたかも市場
で取引されたかのように想定して GDP に計上するものである。具体的な例と
しては，農家の生産物の自家消費分を市場で取引したらいくらになるかを計算
するケースや，持ち家の帰属家賃がある。これは，持ち家についても貸家の家
賃と同じように他人に貸したら住宅サービスの生産額がいくらになるかを計算
してその金額を計上するものである。

　さらに，帰属計算以外に政府の行政サービス（行政機関，国公立学校，医療機関

など）や対家計民間非営利団体（政党，労働組合，私立学校，宗教団体など）の提供するサービスがある。これらも市場では取引されないので，その価値は不明であるが，人件費など生産コストにもとづいて生産額を計算して GDP に計上している。

（3）GDP の分配

　経済活動の大きさは，付加価値の合計として国内総生産 GDP の形で表すことができるが，その成果は，生産活動に関わった家計，企業，政府に何らかの形で分配される。したがって，GDP は分配面からも見ることができる。

　図1－1の経済循環図に示されるように，家計は生産要素の見返りに各種の所得を得る。それは生産の成果としての家計への分配分である。GDP の大きさを記録する国民経済計算においては，「雇用者報酬」として分類される。それは労働に対する分配である。企業の営業活動に対する分配分もある。また，家計が個人事業主となっている場合もある。これらを表すものが，「営業余剰・混合所得」である。企業はこの中から法人税を支払い，税引き後の収益の一部を内部留保として企業内に貯蓄する。さらに，GDP の分配には「固定資本減耗」がある。これは実際には減価償却費として企業内に保有されるものであり，将来の設備の置換に備えての貯蓄という性質を有している。

　最後に，政府への分配分がある。政府は，各種の取引に課される間接税を受け取る。一方，補助金を支給するので，これは政府にとって支出になる。いわば負の間接税である。そこで，間接税－補助金＝純間接税となる。家計および企業に課される直接税はまだ徴収されていないので，「雇用者報酬」，「営業余剰・混合所得」は税込の金額である。分配面からみた GDP は，

　　GDP ＝雇用者報酬＋営業余剰＋混合所得＋固定資本減耗＋純間接税

となる。

　このように，GDP は各経済主体に何らかの形で分配される。したがって，生産面で見ても，分配面で見ても全体の金額は同じである。さらに，家計に分配されたものは，税金を払った後で，消費に使われ，残りは貯蓄される。企業

への分配分は，法人税を支払い，固定資本減耗を積み立て，必要な経費を支払い，残りは内部留保として貯蓄される。政府への分配分は所得税や法人税などの直接税に間接税－補助金を加えたものとなる。

家計，企業，政府に分配された GDP は，いずれにして，消費，貯蓄，税金の形で処分されるので，

GDP ＝消費＋貯蓄＋税金

となる。ここで，消費を C，貯蓄を S，税金を T とすると，

GDP ＝ C ＋ S ＋ T

となる。

（4）国内総支出

GDP は支出面から見ることもできる。一定期間に新たに生産された付加価値の大きさを表す GDP は，市場で販売されたものの大きさと考えることができるので，それは GDP を買った側，つまり支出面から見ることができる。これを国内総支出という。

支出額については，それぞれ経済主体の部門に分けて見ることができる。まず，家計部門は消費のために支出を行う。国民経済計算ではこれを「民間最終消費支出」という。次に，企業部門の支出は，民間投資と呼ばれるが，それは「民間企業設備」・「民間住宅」・「民間在庫品増加」の 3 つに分けられる。さらに，政府部門の支出項目としては，「政府最終消費支出」・「公的固定資本形成」・「公的在庫品増加」がある。家計，企業，政府の支出額はいずれも国内の支出の大きさであるから，これを合計したものを「内需」と呼ぶ。

海外取引を含めると支出の項目に輸出と輸入が加わることになる。輸出は外国が日本の製品を買ってくれるので，国内の支出増加となる。一方，輸入は日本の家計ないしは企業が外国の品物を買うので，それだけ国内の支出が減ることになる。つまり，輸出は外国から流入する支出（需要）であり，輸入は外国への支出（需要）の漏れである。輸出－輸入は，外国からの需要であるから，

「外需」と呼ばれる。貿易収支が黒字であれば，外需はプラスになり，赤字になるとマイナスになる。，消費を C，投資を I，政府支出を G，輸出を X，輸入を M とすると，

$$GDP = C + I + G + X - M$$

となる。

（5）三面等価とマクロ経済バランス

これまで，GDP の大きさを生産，分配，支出の３つの面から見てきたが，これらは一国の経済活動を別の角度から見たものであり，全体の大きさはすべて同じである。つまり，GDP はその国において一定期間に生産されたすべての財・サービスの付加価値の合計であり，それは生産の成果として分配され，生産に関わったいずれかの経済主体の所得になる。また，それらの財・サービスは，その購入にあてられた支出の合計でもある。ゆえに，GDP は，同じものを生産，分配，支出の３つの面から見ることができる。これを三面等価の原則という。式の形で表すと次のようになる。

$$GDP = C + S + T = C + I + G + X - M$$
（国内総生産）　　（国内総支出）

これをマクロ経済のバランス式という。この式にもとづいて日本経済の実際の GDP の大きさと内容を示すと，表１－１のようになる。

このマクロ経済のバランス式は，これまで見てきたように各経済主体間の生産・分配・支出の関係にもとづいて導出されたものであるが，このバランス式は，現実経済におけるさまざまな問題を考える上で重要な指標を包含している。例として貯蓄・投資のバランスと貿易収支の関係をみておく。先のバランス式を変形すると次式が導ける。

$$(S - I) = (G - T) + (X - M)$$

この式は，民間部門の貯蓄・投資 I のバランス（S－I）が，政府部門の財政

表1－1 三面等価からみた日本経済

国内総生産

(単位：10億円)

項　目	平成27暦年 2015
1．農林水産省	5,617.5
（1）農　業	4,670.7
（2）林　業	211.0
（3）水産業	735.8
2．砿　業	325.3
3．製造業	108,028.9
（1）食料品	12,606.4
（2）繊維製品	1,392.7
（3）パルプ・紙・紙加工品	1,908.1
（4）化　学	11,324.4
（5）石油・石炭製品	4,512.7
（6）窯業・土石製品	2,850.4
（7）一次金属	9,868.0
（8）金員製品	4,572.8
（9）はん用・生産用・業務用機械	15,317.3
（10）電子製品・デバイス	5,139.1
（11）電気機械	7,256.4
（12）情報・通信機器	3,987.7
（13）輸送用機械	17,013.9
（14）印刷業	2,430.3
（15）その他の製造業	7,848.6
4．電気・ガス・水道・廃棄勧処理業	14,142.7
（1）電気業	6,345.6
（2）ガス・水道・廃棄物処理業	7,797.1
5．建設業	29,418.9
6．卸売・小売業	73,649.6
（1）卸売業	43,936.8
（2）小売業	29,712.8
7．運輸・郵便業	27,178.6
8．宿泊・飲食サービス業	13,273.9
9．情報通信業	26,505.1
（1）通信・放送業	12,025.3
（2）情報サービス・映像音声文字情報制作業	14,479.8
10．金融・保険業	23,556.8
11．不動産業	60,429.9
（1）住宅賃貸業	52,373.3
（2）その他の不動産業	8,056.6
12．専門・科学技術・業務支援サービス業	38,613.6
13．公　務	26,557.6
14．教　育	19,057.0
15．保健衛生・社会事業	36,120.4
16．その他のサービス	23,275.3
小　計	525,751.3
輸入品に課される税・関税	8,754.7
（控除）総資本形成に係る消費税	5,709.3
国内総生産（不突合を含まず）	528,796.6
統計上の不突合	1,748.6
国内総生産	530,545.2

国内総生産

(単位：10億円)

項　目	平成27暦年 2015
1.1　雇用者報酬（2.4）	261,838.6
1.2　営業余剰・混合所得（2.6）	105,510.1
1.3　固定資本減耗（3.2）	120,064.7
1.4　生産・輸入品に課される税（2.8）	44,824.7
1.5　（控除）補助金（2.9）	3,441.4
1.6　統計上の不突合（3.7）	1,748.6
国内総生産	530,545.2

国内総支出

項目	平成27暦年 2015
1.7　民間最終消費支出（2.1）	300,081.6
1.8　政府最終消費支出（2.2）	105,335.3
（再掲）	
家計現実最終消費	363,850.7
政府現実最終消費	41,566.2
1.9　総固定資本形成（3.1）	124,305.7
1.10　在庫変動（3.3）	2,536.3
1.11　財貨・サービスの輸出（5.1）	93,566.3
1.12（控除）財貨・サービスの輸入（5.6）	95,280.0
国内総生産	530,545.2
（参考）海外からの所得	29,964.4
（控除）海外に対する所得	9,886.0
国民総所得	550,623.6

出所：内閣府『国民経済計算年報』（2017）
より作成。

収支（G − T）および海外部門の貿易収支（X − M）と密接な関係をもつことを示している。

　この式からわかることは，民間部門で貯蓄超過（S > I）の場合，財政赤字（G > T）か，貿易収支黒字（X > M）のどちらか，あるいはその両方が生じていることになる。したがって，民間貯蓄が過剰になると，それが財政赤字によって吸収されないかぎり，必ず貿易黒字が生じるということである。また，アメリカでしばしば問題になる財政赤字（G > T）と貿易赤字（X < M）による「双子の赤字」は，民間純貯蓄がゼロ（S = I）ならば，財政が赤字である限り必ず貿易は赤字（X < M）になるということである。

（6）GDP と消費需要

　日本の名目 GDP は，2015 年で 530 兆 5,452 億円である。これは世界第三位の大きさであり。GDP で見ると日本は超大国である。しかし，GDP が大きいことと生活の豊かさは必ずしも一致しない。近年，GDP の成長にもかかわらず，豊かさが実感できないといわれている。その理由の１つは，賃金が伸びないためであるが，豊かさが感じられない原因を GDP の構成項目からも確認することができる。

　支出面から見た GDP の構成項目をみると，そこに人々の消費生活に直接に結びつく項目がある。それは，民間最終消費支出と政府最終消費支出である。民間最終消費支出は消費者が日常生活において車を購入したり，衣料品や食料品を購入した金額である。旅行サービスの代金も入っている。2015 年の民間最終消費支出は約 300 兆円であり，GDP の 57％である。政府最終消費支出は政府による警察や消防活動への支出や義務教育などの学校サービスなどへの支出である。いずれも国民生活に直接関係する支出である。政府最終消費支出は 105 兆 3,353 億円である。民間消費と政府消費の合計である最終消費支出の GDP 比は 76％である。これを他の先進諸国と比較してみると，アメリカ，イギリスでは 85％を超えており，フランス，イタリアでも 80％近くである。このことは，日本では生産したものの多くを消費に使ってしまわないで，将来のための投資等に使っていることになる。

消費が伸びない理由として，賃金の低迷が考えられるが，成熟社会における消費の飽和の一方で，貯蓄を求める消費者の行動が消費需要を低迷させる要因となっている面もある。その背景には，少子高齢化の進展に伴う将来不安の拡大がある。いずれにしても，消費の低迷は生産の拡大を抑制するために，それが所得の伸びを停滞させることになる。ここから，消費動向が経済活動に与える影響を注視する必要があるといえる。そこで，次に需要と生産の関係を確認しておく。

3．有効需要と国民経済

（1）総供給と総需要

　三面等価の原則が示すように，国内総生産と国内総支出は等しくなる。そこで，国内総生産 GDP を Y とすると，

$$Y = C + I + G + X - M \quad\cdots\cdots\cdots\cdots\cdots\cdots\cdots\cdots\cdots\cdots\cdots\cdots\cdots（1）$$

が成り立つ。ここで，右辺の輸入 M を左辺に移行すると，

$$Y + M = C + I + G + X \quad\cdots\cdots\cdots\cdots\cdots\cdots\cdots\cdots\cdots\cdots\cdots\cdots\cdots（2）$$

となる。この式で，左辺の Y + M は外国から輸入された生産物を含めてその国に供給された生産物全体の大きさを表すので，これを総供給と呼ぶことができる。右辺は外国から国内にもたらされた需要である輸出を含めたその国全体の需要を表しており，これを総需要という。したがって，（2）式は，総供給＝総需要となっている。

　ところで，（2）式から，総供給と総需要は等しくなっているので，需給の不一致がないようにみえるが，これは経済活動が終わった段階でその活動の成果を集計した事後的な記録のためである。事前の経済活動においては，しばしは需要と供給は不一致となる。それによって経済は拡大する場合もあれば，停滞する場合もある。ただし，需給が不一致であっても，1年といった一定期間において，経済活動が終わった事後に GDP を集計する場合には，総需要と総

供給の大きさは一致するように計算される。そのことを理解するために，（2）
式を単純化した形を用いて説明する。

　いま，政府と海外取引が存在しない単純な封鎖経済を想定すると，経済活動
は民間の家計と企業だけになる。政府支出Gと輸出X，輸入Mがゼロになる
ので，（2）は，

$$Y = C + I \cdots\cdots\cdots\cdots\cdots\cdots\cdots\cdots\cdots\cdots\cdots\cdots\cdots\cdots\cdots\cdots\cdots\cdots\cdots\cdots\cdots\cdots\cdots (3)$$

となる。事前の経済活動においては，総供給Yと総需要Dはしばしば不一致
となる。そこで，いま，Yが事前に計画されたDより大きかった場合を考え
る。この場合には，

$$Y > C + I \quad \text{あるいは} \quad Y > D$$

となる。このケースでは，供給が需要を上回るので，供給過剰によりYとD
の差だけ生産物が売れ残る。その結果，意図せざる在庫品の増加が生じる。た
だし，在庫投資の増加は総需要の側の投資Iの増加として記録されるので，事
後的な計算では，YとDの値は等しくなる。

　一方，これとは反対に，総需要が計画された総供給より大きかった場合に
は，

$$Y < C + I \quad \text{あるいは} \quad Y < D$$

となる。このケースでは，生産した以上に売れることになるので，企業は在庫
を取り崩して需要に対応することになる。ここでは意図せざる在庫の減少が生
じる。この場合には，投資Iがその分だけ減少したという形で計算されるの
で，この場合でも事後的にはYとDの値は一致することになる。ゆえに，事
後的記録としてのGDPは三面等価の原則にしたがって，常に総需要と総供給
の値が等しくなるように表示される。

　ただし，現実の経済活動においては，総需要Dと総供給Yが一致する保証
はなく，両者が不一致の場合，その差額だけ在庫が増減することになる。それ
は結果として企業の生産活動に影響を与え，GDPを変化させることになる。

（2）有効需要の原理と消費需要

　このように，もし，総需要 D が総供給 Y より少なければ（Y＞D），供給過剰となり，売れ残りが生じることになる。一方，D が Y を上回るような状況（Y＜D）では，生産した以上に売れるので，増産する必要が生じる。これは GDP を増加させることになる。つまり，総供給に比べて総需要が少ないと GDP は減少することになり，総需要の方が多いと GDP は増加するということである。

　GDP が減少し経済活動が低下すると，生産の減少やそれに伴う雇用状況の悪化，さらには所得の減少を招くことになる。他方，GDP が増加すると，生産の拡大，雇用拡大，所得増加が期待できることになる。そして，総需要と総供給が等しくなると，企業は生産水準を変化させる必要がないので，GDP の均衡水準が決まることになる。ここからわかることは，GDP の水準を決めるものは総需要の大きさであるということである。総需要の大きさが GDP の水準を決めるということは，市場経済における基本的な原理であり，これを有効需要の原理という。

　総需要が国民経済を左右することに注目し，有効需要の原理にもとづいてマクロ経済分析を展開したのは，J. M. ケインズである。ケインズは，1936 年に『雇用・利子および貨幣の一般理論』を書き，とくに民間経済における消費需要と投資需要の動向が一国経済の動きを制約することを指摘した。その中で，ケインズは投資需要の変動に注目しながら消費需要についても，乗数効果を通じて消費の動きが経済に与える影響を重視しており，消費を左右する要因も慎重に検討している。本書では，ケインズの有効需要の考え方をベースにしながら，現代における消費と経済の問題を検討していく。その意味で，本章はそのプロローグに位置づけられるものである。

第2章　成長屈折と日本経済の課題

1．はじめに

　1990年代という20世紀最後の10年間において，わが国経済は戦後最大の長期的かつ深刻な景気後退局面に陥った。バブル崩壊により，経済成長率は1991年の2.9％から翌92年の0.4％へと急落し，その後1990年代を通じて平均成長率1％という長期にわたる超低成長時代が続いた。

　経済成長率の急激な低下という意味での成長屈折は，今回がはじめてではなく戦後2度目である。1回目は，1973年の第1次石油ショックに起因する成長率の低下である。このときには，実質成長率が1973年度の5.1％から翌74年度にマイナス0.5％となり，戦後はじめてマイナス成長を経験することになった。そして，今回の1991年から92年にかけての低下が2回目の成長屈折である。ただし，石油ショックのときと今回の成長屈折には大きな違いがある。前者の場合は，1974年にマイナス成長に落ち込んだが，翌年の75年には一転して4.0％に上昇し，その後も平均して実質4％の成長率を維持することができた。これに対し，バブル崩壊後は1992年の0.4％に続いて93年度0.5％，94年度0.6％と1％を下回る低成長が3年連続した。その後，1995年には3％台を回復し，96年には4.4％の成長率を記録したものの，97年，98年には戦後はじめての2年連続のマイナス成長を記録することとなった（表2−1）。

また，実質経済成長率の国際比較をみても日本の平均成長率が1992年から1998年にかけて1％であったのに対し，アメリカは平均3％で成長した。こうした長期にわたる日米の成長率の逆転は，戦後はじめてのことである。イギリス，ドイツ，フランスといった諸国と比べても1％という成長率は低い。その意味で，1990年代の日本経済の停滞は国際的にみても異常といわざるを得ない。表2－2に示されるように，2000年に入っても格差は顕著である。

こうしたなかで単に成長率が低下しただけでなく，金融ビッグバンに象徴されるようにグローバル・スタンダードからの立ち後れや，いわゆる日本的経済・社会システムの有効性喪失に対する認識の高まりを背景として，わが国経済の長期低迷からの脱出にはさらに時間がかかるとの悲観的な見方もある。

ここでは，バブル崩壊後，長期化する日本経済の不況を需要面と供給面の両方から考察し，日本経済が当面する問題を整理することを通して，今後の課題を展望していく。

表2－1　実質 GDP の成長率

(％)

年　度	実　質GDP
1965	6.2
1966	11.0
1967	11.0
1968	12.4
1969	12.0
1970	8.2
1971	5.0
1972	9.1
1973	5.1
1974	−0.5
1975	4.0
1976	3.8
1977	4.5
1978	5.4
1979	5.1
1980	2.6
1981	3.0
1982	3.1
1983	2.5
1984	4.1
1985	4.1
1986	3.1
1987	4.8
1988	6.0
1989	4.4
1990	5.5
1991	2.9
1992	0.4
1993	0.5
1994	0.6
1995	3.0
1996	4.4
1997	−0.1
1998	−1.9

出所：経済企画庁編『国民経済計算年報』。

第2章　成長屈折と日本経済の課題 ｜ 17

表2－2　IMF・各国の実質 GDP の実績と予想

(％)

	1999 年	2000 年	2001 年
世界全体	3.3	4.2	3.9
G 7 諸国	2.8	3.3	2.7
米　　国	4.4	4.4	3.0
日　　本	0.3	0.9	1.8
ド イ ツ	1.5	2.8	3.3
フランス	2.7	3.5	3.1
イタリア	1.4	2.7	2.8
英　　国	2.0	3.0	2.0
カ ナ ダ	4.2	3.7	2.7

出所：『日本経済新聞』2000 年 4 月 13 日。

2．需要低迷の要因分析

　バブル崩壊による急激な成長屈折をもたらした直接的な要因は，土地や株式に代表される資産価値の急落とそれに伴う総需要の減少であるが，1990 年代を通じた需要の低迷はさまざまな要因によって生みだされている。その場合，とくに 1990 年代前半と後半では需要低迷の要因に違いがみられる。そこで，1990 年代における日本経済の長期低迷を分析する場合には，これを 1992 年から 94 年にかけての不況期と，1995 年から 96 年の回復期，さらに 1997 年から 99 年にかけてのマイナス成長期の 3 つに分けて考察する必要がある。このなかで問題となるのは，1990 年代前半の不況期と後半のマイナス成長期であろう。そこで，この 2 つの期について，需要低迷をもたらした要因をみていくことにする。

(1) 1990 年代前半の景気後退

設備投資の減少と成長屈折

　石油ショックに続く戦後 2 度目の成長屈折をもたらした 1991 年から 92 年に

かけての成長率の急落は，その後1995年までの3年間にわたり経済を低迷させることになった。この間の総需要の動きを検証してみると，民間消費，民間投資ともに減少しているが，とくに設備投資の変動が成長率低下に大きく影響していたことがわかる。GDPの成長率をみると，バブルピーク期の1988年に6.0％であったものが1993年には0.5％へと5.5％低下した。この成長率の低下が総需要のどのような項目によってもたらされたかを知るために各項目の寄与度をみてみると，設備投資の減少がもっとも激しく，2.3％からマイナス1.9％へと4.2％の落込みとなっている。つまり，成長率の低下5.5％のうち，4.2％が設備投資によるものである。このことは，成長率の低下の7割以上が設備投資の落込みによって説明できることを意味している[1]。

　こうした設備投資の落込みは，それに先立つバブル期における過剰投資の反動といえる。これについて平成6年度の『経済白書』は，バブル景気のもとで，1988年から89年にスタートした懐妊期間の長い建設投資が1990年以降も続いたため，過剰ストックが積増しされるとともに長い耐用期間のもとでストック調整を長引かせたと分析している[2]。

資産価値の変化と消費需要

　バブル崩壊後の不況長期化の一因には，消費需要の低迷も考えられる。一般に，消費需要は景気変動に対して比較的安定的であり，消費の習慣仮説に代表されるように，不況期にも消費需要低下の度合いは小さいために，消費性向が上昇する傾向をもっている。その結果，総需要の減退が緩和されるために，景気の下支え効果をもつといわれてきた。しかし，今回は景気が低迷するなかで消費性向自体が低下傾向を示しており，消費需要の減少が景気回復の足かせとなった点に1つの特徴があるといえる。バブル崩壊後の平均消費性向の推移をみると，1990年75.3％，91年74.5％，92年74.5％となっている[3]。

　こうした消費の低下をもたらした要因としては，①所得低下，②耐久消費財のストック調整，といった循環的要因のほかに，③資産価値の変化，を挙げることができる[4]。つまり，バブル崩壊によって株価などの金融資産価値の低下が生じたが，この資産価値の低下が消費の落込みに影響したということであ

る。経済全体からみれば，これら3つの要因が複合して消費低迷をもたらしたと考えられるが，とくに注目すべきは資産価値の変化と消費需要の関係であろう。

　家計部門では，1986年から89年のバブル期にかけて，金融緩和および低金利を背景に積極的な資産運用がなされた。とくに，景気拡大に伴う所得上昇によって貯蓄額が増大し，定期性預金を中心とする安全資産での貯蓄が確保されたために，より高い収益の期待できる有価証券，ワンルーム・マンション，リゾート・マンションといった価格変動の大きい危険資産の保有が増加していった。危険資産は資産価値の変動も激しいために，カネ余り状況のもとでは大きな価格上昇が期待できる。資産価値が上昇するようなときには，貯蓄は計画期間よりも早く目標額に到達できる。家計におけるこのバランスシートの好転は心理的余裕を生みだすためにフローとしての消費支出を拡大させ，借入れの増加を促したと考えられる。図2－1に示されるように，この期間において家計は評価額の増大した資産を担保として負債を増加させたのである。

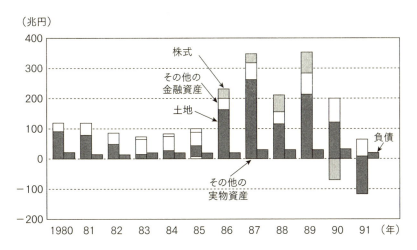

図2－1　家計部門の資産・負債の増減額の推移

備考：経済企画庁『国民経済計算年報』により作成。
出所：『平成5年版　経済白書』。

1991 年以降，バブル崩壊に伴う資産市況の暴落で家計が保有する資産には大幅な含み損が発生した。このバランスシートの悪化はバブル期における資産と負債の両建て化を背景として生じたといえる。その結果，消費需要は減退することになるが，そこには資産価値下落による消費抑制効果だけでなく，悪化したバランスシートを回復するために消費を抑えて貯蓄せざるを得ないことによる消費抑制効果が加わったとみられる[5]。

資産デフレとマクロ経済

消費需要の変動に象徴されるように，バブル発生と崩壊に伴って生じた景気変動の過程で資産価値の変化がマクロ経済に与えた影響は大きかったと思われる。前項でみたように，資産価値の増大は，いわゆる資産効果による消費支出の増加を生みだすとともに，担保価値の上昇により家計の借入れ能力を高め，これが資産への再投資や消費支出の拡大を促した。こうした支出の増大に対応して，企業は設備投資を拡大し，生産の増加をはかった。そこには資産というストック価値の変化による消費，投資といったフローの拡大効果がみられる。また，企業も投資拡大に際して増大した資産価値をもとに資金調達を膨らませている。ここには資産価値の高まりが負債の増大を可能にし，それがさらに資産価値を高め，それによってまた負債が増大するというメカニズムが生じたといえる。これがバブル期の累積的な景気拡大を支える 1 つの要因になった。そして，こうした状況を金融機関の過剰融資が支えた。銀行はバブルで膨らんだ資産を担保に資金の貸出しを拡大させたのである。

バブル崩壊とともに，このメカニズムは逆転することになる。今度はマイナスの資産効果がフローの生産・支出を縮小させ，それがまたストック価値を低下させる。しかも，金融機関の膨大な不良債権に代表されるように，資産価値が低下しても負債は減少しないため，その処理には時間がかかる。フロー面でも需要はすぐに減少してしまうが，生産量の調整には時間がかかる。それが設備投資の大幅な減少をもたらし，有効需要の削減を通じて成長率を低下させることになった。まさに，ここには不況の悪循環がみられるのである。

第2章　成長屈折と日本経済の課題 ｜ 21

財政支出と景気

　財政再建に重点を置いた 1980 年代と異なり，1990 年代に入り，景気対策のための積極政策がとられた。とくに 1990 年代前半には，92 年 3 月の緊急経済対策（10 兆円），8 月の総合経済対策（10.7 兆円），93 年 4 月の総合的な経済対策（13 兆円），9 月の緊急経済対策（6 兆円），94 年 2 月の総合経済対策（15 兆円）というように，大型の経済対策が繰り返し実施された。

　こうした財政支出の拡大は国債の発行によって賄われるが，景気対策手段としての国債発行による支出拡大の論拠はケインズ経済学にある。つまり，国債を市中消化で発行し，それを財源として政府支出を増加させた場合，（1 －限界消費性向＋限界輸入性向）の逆倍数の国民所得が増加するとういうものである。そこには，財政赤字拡大による景気刺激策が民間需要を誘発し経済を持続的成長軌道に乗せ，その結果税収が増えて財政赤字が縮小するというプロセスが想定されている。

　しかしながら，今回は財政支出拡大の刺激が民間需要主導の自律的な成長を生みだし得なかったという意味で，財政政策は効果がなかったという評価もある。これについては，乗数効果も含めてさまざまな検証が行われているが[6]，たとえ積極的な効果がなかったとしても，先に述べた大型の財政支出がなければ，1990 年代前半の日本経済はマイナス成長に陥っていた可能性があり，それゆえ，成長を下支えしたという意味では効果があったといえる。

　ただし，1995 年，96 年の成長率の上昇を背景に，景気の自律的回復が可能と判断した政府は財政再建を実施すべく消費税の 3 ％から 5 ％への引上げや特別減税の廃止に伴う歳出の大幅カットを行った。その結果，銀行の貸し渋りや消費の低迷と相まって 1997 年以降再び景気を大きく後退させることになったのである。この間の政府の経済見通しと政策の誤りは，多くの論者が指摘するとおりである[7]。

（2）1990 年代後半の状況

消費需要の不安定化

　1995 年から 96 年にかけていったん回復した景気が 1997 年 4 月以降再び後

退局面に入り，その後は期を追うごとに深刻さを増し，わが国経済は 1997 年，98 年と 2 年連続のマイナス成長という戦後最悪ともいえる不況に見舞われることになった。

　1997 年以降の不況に関して注目すべきは，個人消費の減少が目立ったことであろう。1997 年度は，同年 4 月からの消費税率引上げ直前の駆込み需要の反動による減少に，消費税率引上げ，特別減税打切り，社会保険料の引上げによる国民負担増が影響し，消費は減退した。しかも，同年秋には北海道拓殖銀行や山一証券といった大手金融機関の経営破綻による不安感の高まりが人々の消費を抑制する方向に作用したとみられる。その結果，1997 年度の個人消費は GDP ベースで実質前年比マイナスを記録したが，前年比を下回ったのは戦後はじめてである。1998 年に入っても個人消費の減少傾向は続き，総務庁の家計調査による全世帯の消費支出は 12 か月連続で前年同月比マイナスを示している。

　消費需要は総需要の約 60％を占めるものであり，マクロ経済において国民所得を左右する重要な要因と考えられるが，一般的には投資需要に比べて安定的な動きを示すために，景気変動に対する安定化要因とみられている。しかし，「消費不況」という言葉に象徴されるように，1997 年以降においては，消費の不安定化が景気の不安定化を促進する傾向がみられる。

消費需要の制約要因
　消費低迷には，前述のようなさまざまな現実的要因があるが，1990 年代後半において消費需要を抑制している要因として注目すべきは，平成不況のなかで生じた過去・現在・将来に関する消費制約である。

　第 1 に，バブル期に株や土地，マンションなどを購入した家計はバブル崩壊後の地価下落，金融資産価格の暴落によりバランスシートを悪化させている。このバランスシートの悪化は負債・返済圧力の増大という形で消費需要を圧迫する要因となっている。これは，まさに過去の行動の結果により現在の消費が制約されていることになる。

　第 2 は，現在が消費に与える制約である。これは，雇用情勢の悪化を背景と

した所得の低迷によるものである。すなわち，通常の景気後退と異なり，雇用環境が極度に悪化したことにより，消費が景気の下支えの役割を果たすことなく減退しているのである。

第3は，将来の不安が現在の消費を制約していることである。将来からの制約としては，雇用不安を背景として今後の収入増加に対して期待がもてないことが挙げられる（図2-2）。これは実体経済の悪化を先取りする形で消費が低迷するということである。将来所得の不確実性が高まり，いわゆる消費マインドが悪化すると，家計は自らの将来所得を割り引いて少な目に見積もることになる。その結果，それに応じて現在消費を抑制し，貯蓄を増やそうとする。これが将来からの制約である[8]。

なお，1990年代後半の消費需要の低迷を考える場合には，この3つの要因に加えて物価下落が消費需要に与えた影響も考慮する必要があろう。通常，物価下落は実質所得の増大を通じて支出の増加を促すとみられるが，それは名目所得を一定と仮定した場合のことであり，不況のもとで所得水準が低下している状況で物価が下落していく場合には，支出の拡大は期待できない。さらに，物価下落は実質債務残高を増加させるので，実質金利の上昇とともに家計の消

図2-2　消費マインドの悪化

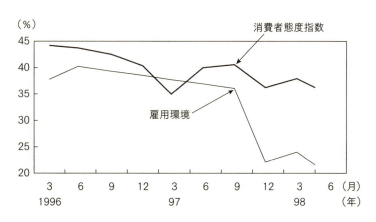

出所：『エコノミスト』1998年11月2日号。

費を圧迫することになる。こうした状況では，家計は債務の返済を急ごうとするので，その面からも消費は抑制されることになる。また，物価下落の局面では，将来の価格低下を見越して消費を先送りするケースも考えられる。

信用収縮と投資減少

　1997年度後半から，中小企業を中心として設備投資も大幅に減少している。中小企業の設備投資を中小製造業設備投資動向調査でみると，1997年度は実績でマイナス11.6％と大幅な減少となっている。こうした設備投資減少の要因をみると，景気の減速を背景に金融機関が貸出態度を慎重化させたことが影響していると考えられる。具体的には，融資希望額の削減，財務内容チェックの厳格化，追加担保の要求などを挙げることができる。このように，金融機関の貸出しが厳しくなると，とくに借入依存度が高い中小企業は資金制約から設備投資を抑制せざるを得なくなる。

　金融機関の貸出態度の慎重化は，不良債権の増大による金融機関の自己資本比率の低下がその要因となっている。とくに，1997年度後半における大手金融機関の破綻を契機として，早期是正措置の導入を控えて，金融機関の財務内容に対する評価が厳しくなったために，自己資本比率の引上げの必要に迫られた金融機関は貸し金回収を強めるとともに，いわゆる「貸し渋り」を生じさせることになった。金融機関の貸出態度が慎重化するに伴って，企業の資金繰りは悪化し（図2-3），とくに長期借入金の調達が困難となった。さらに，企業倒産の増大を背景として，リスクの高まりによって手形決済から現金決済へのシフトなど企業間信用の収縮も生じた。こうした中で，とりわけ社債やCPの発行といった資金調達手段をもたない中小企業は資金面からの制約を受けざるを得なかったし，場合によってはキャッシュ・フローを負債の返済にあてねばならず，こうした点からも設備投資は制約を受けざるを得なかったといえる。

図2-3　中小企業設備投資実施企業割合と資金繰りD. I.

① 設備投資実施企業割合

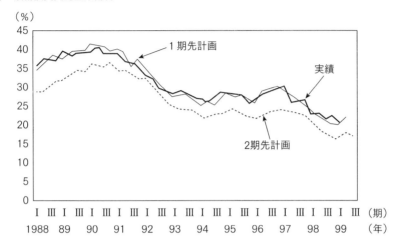

② 資金繰りD. I.

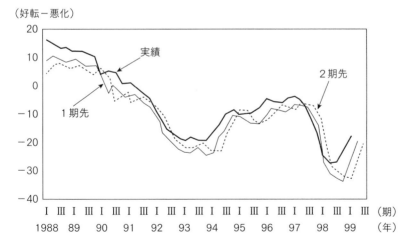

備考：1　中小企業金融公庫「中小企業動向調査」により作成。
　　　2　季節調整値。
出所：『平成11年版　経済白書』。

デフレーションの進行

　1997年から1998年にかけて日本経済はきわめて深刻な景気後退に陥ったが，この間の特徴としてはデフレーションの進行が挙げられる。1992年から低下を続けてきた国内卸売物価は1998年になってから下げ足を速め，98年第1四半期および第2四半期には前年同期比2％台という大幅な下落となっている。消費者物価についても，1998年第1四半期以降1999年第1四半期まで前年同月比マイナスとなっている[9]。総務庁が2000年4月に発表した最新のデータでも，1999年度平均の消費者物価指数は前年度比で0.5％下落している。これは比較可能な1971年度以降で最大の下落率である（図2－4）。

　こうした状況のもとで，景気の悪化が物価の下落をもたらす一方，物価下落が景気のさらなる悪化を導くという物価と景気の悪循環がみられた。物価の下落は企業の売上高を減少させるが，賃金や利子は下方硬直的であるために企業のコストは売上ほど減少しない。そこで収益が減少し企業活動が低下し，景気は悪化する。

　企業が物価下落による収益の減退に対応するために，雇用調整を行い，賃金

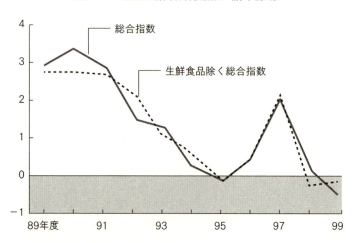

図2－4　全国の消費者物価指数（前年度比）

出所：『日本経済新聞』2000年4月28日。

コストの削減に手をつける場合には，雇用水準および所得水準の低下が現在および将来にわたる消費需要を抑制する方向で作用すると考えられる。従来，日本の企業は従業員の雇用を守ることを重視し，不況に対しては配置転換や出向という形で対処してきた。しかし，不況が長引き，業績がある水準以上に悪化すると，希望退職や解雇といった形で雇用調整を行い，コストの低下を通じて収益を確保せざるを得なくなる[10]。それが失業の増大をもたらし，所得不安を拡大することになる。先に述べたように，将来の雇用・所得の不安は家計の消費需要をさらに減退させるので，それがさらに企業の売上不振につながるという悪循環を生みだす可能性も存在する。

その結果として，1995年から1999年にかけて完全失業率が5％近くに達するという大量失業時代を生んでいる。これにより，高校・大学の新卒者にとって正社員になるチャンスがきわめて狭い，いわゆる就職氷河期が形成されることになる。

経済政策の課題

1990年代の財政政策は景気安定と財政再建の間で揺れ動いた。とくに，1996年から97年にかけて景気が回復軌道に乗ったと判断した政府は，1997年4月に消費税を引き上げ，12月には「財政構造改革の推進に関する特別措置法」（財革法）を成立させたが，景気拡大策から一転して財政再建を目指した政策が不況をいっそう深化させたことは，すでに述べたとおりである。

この経験は，不況のなかで財政再建を成し遂げることには無理があるという教訓を残したといえる。政府もその後再び景気対策を優先させ，1998年1月には事業規模17兆円を超える緊急経済対策を実施するとともに，6兆円を上回る減税を決定している。さらに，1999年11月にも18兆円を超える経済対策を打ち出した。また，日本銀行も1999年2月にゼロ金利政策に踏み切り，金融面から景気回復策を実行している。

こうした政策，とくに財政支出の拡大は，一時的な有効需要の創出により景気の下支えには貢献したといえる。しかしながら，そうした景気対策も，民需主導の持続的な成長に結びつかなかったという点では課題を残したといえる。

そこでの問題は，乗数効果の低下による需要創出効果の減退というより，むしろ公共投資が明確なビジョンのもとに新たな産業の育成につながるような産業基盤の整備に役立っていないことであろう。公共投資の経済効果には，①総需要の創出効果と，②インフラストラクチャーの整備という事業効果の2つの側面がある。このうち，産業構造ならびに経済・社会システムの変革を迫られているわが国経済の現状を前提にすると，いま必要なのは公共投資を通じた社会資本の整備である。つまり，新しい需要の増加を生みだすような産業の育成に向けての支出が必要である。そのためには，これまでみてきたような需要面からの分析だけでなく，日本経済が直面する構造変化を認識することが必要である。そこで，次は供給面ないし構造的側面の変化をみていく。

3. 経済構造の変化と日本経済

（1）情報技術革命

わが国経済の長期低迷をもたらしている要因を考える場合には，需要面の問題だけでなく経済の構造的な変化に目を向ける必要がある。その変化の1つが世界的な規模での情報技術革命の進展である。IT革命と呼ばれるものがそれである。今日，情報通信技術の著しい進歩は，企業の行動を変え，産業のあり方をも変化させつつある。そこで，このIT革命のもつ意味を考えておく必要がある。

スケール・メリットからの変換

従来，先進工業国はわが国も含めて工業化の推進によって経済的繁栄を享受してきたが，経済発展の基礎には，スケール・メリットの追求があった。すなわち，大量生産による生産コストの低下が製品価格の低下を促し，それが消費需要を拡大させ，その需要増大がさらなる生産拡大を可能にするとともに，雇用者所得を増やし，企業の利潤を増加させることになった。さらに，所得増加は貯蓄の増大を生み，それが投資資金となり，いっそうの投資拡大を促すことにより高い成長を実現していった。こうしたスケール・メリットが作用する経

第 2 章　成長屈折と日本経済の課題 | 29

済においては，生産に必要な物的資源，人的資源および知的資源を集中させ，有効に活用することが，効率的な生産システムを構築する上で必要であった。

　しかしながら，IT 革命と呼ばれる今日の情報通信技術の革新は，集中・巨大化による生産効率の追求といった従来の生産システムでは対応できない状況をつくりだしている。それは，国内はもとより地球的規模での適地生産・適地処理さえ可能とし，グローバルな視点から必要に応じて物的・人的・知的資源の最適な組合せによる生産・販売を行うということである。

　これを可能にしたのが今日の情報通信の発達であり，その 1 つは情報処理のデジタル化である。これによって，事務処理が敏速化するとともに情報の価値を低廉化することができた。もう 1 つの特徴は，情報のネットワーク化である。これにより，情報は点として存在することから線としてのつながりをもつことができた。ネットワーク化により，いつでもどこでも時間と空間を超えて情報を収集できるようになった。

　これに関して中谷巌教授が，アメリカを中心として世界経済はすでに IT 革命のもとで e エコノミーの時代に入っており，経済活動に大きな変化が生じていることを指摘している [11]。

スピードの経済

　現代の経済は，先に述べたようなデジタル・ネットワーク革命によって大きく変化しつつある。たとえば，企業は生産拠点や電算処理センターといった事務管理部門を必ずしも自国に置く必要はなく，最適地を原則として世界に拡散させることができる。それは先進国間のさまざまな垣根を取り払うだけでなく，先進国と発展途上国をも融合することによって国の間での従来の色分けをいっそう曖昧なものにしつつある。こうした変化は，国境を越えていろいろな業種での企業合併や提携を促進していく。たとえば，わが国の場合をみても，これまで基幹企業として経済成長を支えてきた自動車産業においてさえ，多くの企業が外国企業との提携を進めている。

　このような変化は市場経済に参入できる地域を世界中に拡大させることになるために，地球的規模での市場経済化を促進することになる。こうした市場経

済の拡大は，競争者の増加を意味する。そして，世界から新しい競争相手が市場に参入してくる環境のなかで競争に生き抜くためには，グローバルな観点からの情報の収集と素早い対応が必要となる。つまり，現代の競争環境にあって企業に求められているのは，変化に対する的確な見通しと対応に加えて，それを実行に移す速さである。市場規模の拡大は多くの人から少しずつ儲けることを可能にし，それが結果として莫大な利益に結びつく。そのためには，他に先駆けていち早くビジネス・チャンスをつかみ，それを実行することである。それを実現するためには速さ，つまりスピードが要求される[12]。

スケール・メリットが支配する産業社会にあっては，さまざまな生産資源を集中させ効率的に管理することが重要であったが，競争相手を凌駕するスピードの速さが勝敗を左右する環境にあっては，意思決定や行動が柔軟性と速さをもっていなければならない。現在わが国の産業に求められている変化は，まさに従来のスケール・メリットを追求するシステムからスピード経済に対応できるシステムへの変換である。

（2）システム変革の必要性
生産要素の流動化

経済のスピード化は，生産要素の流動化によっても支えられている。これまで，対外的な競争は一国内における技術水準，労働の量と質，政府の方針と支援などによって規定される輸出競争力にあった。その場合には，原則として生産設備や労働といった生産要素は各国の経済に帰属し，海外への流出入は日常的なものではなかった。

しかし，今日では，情報通信の発達に伴って，製造業だけでなく，金融，サービス，流通を含めてすべての産業が国際間を移動し，それに伴って人的資源や知的資源といった生産要素まで流動化しつつある。流動化した生産要素は，グローバル・スタンダードに基づいて世界のなかでもっとも競争力のある市場に集まり，そこがさらに繁栄する。

そうした状況もとで必要とされるのは，香港やシンガポールの金融市場に象徴されるように，世界からの投資を呼び込むような魅力ある市場をつくりだす

ことである。問われているのは，成長性のある市場の育成であり，それを支えるインフラストラクチャーの整備や規制の緩和である。さらには，税制のあり方や市場の透明性といったことが重要になる。一国経済の範囲での効率性の追求が求められた時代の社会経済システムは，生産要素の流動化という新たな状況に応じて輸出競争力から市場競争力への変革の必要性に迫られている。

市場経済化の進展と政府

　情報通信技術の革命による経済環境の変化は，政府のあり方も変えていく。第2次大戦後，先進各国において政府は市場の失敗を補完し，経済活動の安定的な発展のためにさまざまな形で経済活動への介入を求められてきた。しかしながら，1980年代以降は先進各国で小さな政府への転換が進められている。その理由としては，次のようなことが挙げられる。①高齢化の進展のなかで，大きな政府は財政赤字を拡大させ，世代間の所得分配の問題を深刻化させる。②市場の失敗を補完するための各種の規制が市場の競争を阻害するとともに，高コスト体質をつくりだすことにより国際競争力を低下させる。③高コスト体質のままでは国内産業の空洞化を招き，失業増大の可能性を高める。

　地球的な規模で市場経済化が進展するなかにあって，とくに問題となるのは，市場競争を阻害するような参入規制や価格規制である。これに関して，欧米各国ではすでに通信・電気・運輸などの分野で参入規制や料金規制の緩和ないし自由化が進められており，それがeエコノミーの拡大に寄与している。

　これまでの経済システムは，いわば一国を基礎とする国民国家を中心とした枠組みのなかで機能してきたが，すでに生産の主体である企業そのものが活動範囲を地球規模に拡大している。それは，産業・雇用の空洞化に象徴されるように，グローバル化する企業と従来の政治・社会システムの間に矛盾を生みだしている。現代は，企業のみならず個人でさえインターネットを通じて日常的に海外の商品を購入することができるのであり，その際購入する商品に関して国際的な観点から有利な地域や国はどこかを選択する時代である。競争は世界的な規模に広がっている。

　こうした時代に対応するためには，制度や規制を変更・緩和し，魅力的な国

内市場の形成に向けた改革が必要となる。まさに，グローバル・スタンダードに合わせて変化していかないと，海外に比べて国内市場が見劣りする結果，海外の企業や個人からの需要を失ってしまうだけでなく，国内の企業や消費者からも見捨てられる可能性が高くなってしまう。それゆえ，状況の変化に対応し得る柔軟なシステムを構築することが必要なのである。

4．環境問題と日本経済

（1）環境問題と産業構造

　情報関連の問題の他に，日本経済を含めて，21世紀にかけて世界が直面する問題は環境の悪化とそれへの対応である。環境問題は企業にとって避けて通れない問題であり，環境投資は，企業が産業社会の一員として存立の基盤を築けるかどうかにかかわるという意味で重要である。とくに，地球環境をめぐる消費者の意識と行動は，企業の経営戦略に大きな影響を与え，企業の存亡を左右するまでになっている。

　現在のところ，企業が環境にどれだけ配慮した行動をとっているかを知っている消費者は必ずしも多いとはいえない。しかし，環境に配慮していると表明した企業に対しては，「その企業の製品やサービスを優先して買いたい」[13]とし，企業の行動に対して法律や行政の規制を望む消費者が多くなってきているのは事実である。しかも，地球環境をめぐる消費者の意識は日本よりも世界の先進国でいっそう強まっているだけに，グローバル化する経済活動のなかで，環境問題への対応はさまざまな面で産業構造の変化を促す要因となっており，それが環境関連産業の発展という形で新たな成長産業を生みだす可能性もある。

（2）エコビジネスの成長と産業構造の質的変換

　環境産業は21世紀の成長産業の1つになり得ると考えられる。すでに，地球温暖化や砂漠化といった地球的規模での問題から産業廃棄物やゴミ処理といった身近な問題に至るまで，そこには新たなビジネス・チャンスが生まれつ

つある。こうした環境問題に関連する市場を創造したり，そこに参入する活動を環境ビジネス，あるいはエコビジネスと呼ぶ。1994年度の『環境白書』が「エコビジネス」という用語を用いてから，「環境産業」に代わる用語としてエコビジネスが一般に用いられるようになっている。

　環境庁によると，現在，エコビジネスは4つの市場に分けられている。第1に，環境負荷を逓減させる省エネ型装置を供給する市場，第2は，代替フロンガスなどを用いた電化製品，化石燃料使用から天然ガスなどクリーン・エネルギーを利用した低公害車などの環境に対する負荷の少ない製品を供給する市場，第3は，廃棄物処理や環境アセスメントなど環境保全関係のサービスを供給する市場，第4は，社会共通資本を提供する地域冷暖房システム，新交通システムなどの新市場である。1990年には，すでにこれらの市場は6兆円規模に成長し，2010年には26兆円規模のビジネスを展開する大市場に成長すると予測されている[14]。卑近な例として，東京都のディーゼル車規制によるフィルター使用など，大気汚染や地球温暖化の主因となる二酸化炭素の排出が今後厳しく規制されてくると，それらに関するエコビジネス市場はいっそう大きな成長を遂げることになる。

　また，環境庁の「環境保全コストの把握および公表に関するガイドライン」[15]がとりまとめられ，企業のISO14001[16]への取組みが拡大し，ISO14001シリーズに準拠した日本工業規格JISの取引が普遍的になることで，20世紀型の産業構造から21世紀型産業構造へ質的転換がはかられるとみられる。

5．おわりに

　現代は，情報通信技術の発達に伴って，個人も企業もそれぞれの経済活動にとって相対的に魅力ある地域や国はどこかを国際的な視野に立って選択する時代であり，まさに，地球的規模での競争の時代である。そうした状況にあって，わが国における企業も政府も現行システムの変革に迫られている。

　これまでみたように，現在は，規格・大量生産型工業化社会から情報化社会への移行期であり，こうした点に注目すると，バブル崩壊の後遺症に苦しんだ

1990年代の閉塞状況を脱し，新たな成長に向かうために有望とみられる産業は，①規制緩和などの構造改革関連産業，②技術革新によって新たな需要が創出される分野，③医療・環境関連産業，④高齢化に伴う健康維持，介護に関連する産業，であろう。こうした産業を発展させ，経済社会を活性化させるためにも経済・政治・社会システムの改革が必要である。

【注】

1) 設備投資の影響については，とくに吉川洋教授が『転換期の日本経済』のなかで強調している。設備投資についての数値は吉川教授が同書で用いたものを利用させていただいた。

2) 経済企画庁編『平成6年版　経済白書』を参照。

3) 経済企画庁調査局編『平成5年版　家計消費の動向―消費動向調査年報』を参照。

4) 『平成5年版　経済白書』では，1990年以降の消費低迷の要因として①所得要因，②耐久消費財のストック調整要因，③バブル崩壊要因，④消費のデモンストレーション要因，の4つを挙げている。

5) 1990年代前半における資産デフレと消費需要の関係については，関谷喜三郎「消費需要のストック分析」『政経研究』（第33巻1号）日本大学法学会，1996年，参照。

6) 財政支出の効果がなぜ小さかったのかについて，『平成4年版　経済白書』で詳細な検討がなされている。

7) 斉藤精一郎『10年デフレ』日本経済新聞社，1998年，第2章「10年デフレ」にこれに関する詳細な指摘がある。

8) 90年代後半における消費需要低迷の要因分析については，関谷喜三郎「消費需要の構造分析」日本消費経済学会年報，第21集（1999年）を参照。

9) 経済企画庁編『平成12年版　日本経済の現状』，123 - 124頁参照。

10) 日本企業の雇用調整の特徴については，駿河輝和「不連続雇用調整と失業」『経済研究』（第44巻第4号）大阪府立大学，1999年9月，参照。

11) 中谷　巌『eエコノミーの衝撃』東洋経済新報社，2000年，参照。中谷教授はこの本のなかで，eエコノミーとは「デジタル情報革命の技術革新を積極的に活用してビジネスを行う人たちや企業などの経済主体が作り出す経済的付加価値，もしくは経済活動分野を指す」61頁，としている。

12) 情報通信革命のもとでの新しい経済の現状と将来に関する分析については，伊藤洋一『スピードの経済』日本経済新聞社，1997年，参照。

第 2 章　成長屈折と日本経済の課題 ｜ 35

13）環境庁国立環境研究所社会環境システム部「地球環境問題をめぐる消費者の意識と行動が企業戦略に及ぼす影響」（ドイツ消費者編），1998 年 7 月 15 日公表資料。

14）総理府広報室「地球環境とライフスタイル」，1998 年 11 月 12 ‒ 22 日，社団法人中央調査会・資料。

15）環境庁，環境保全コストの把握に関する検討会「環境保全コストの把握および公表に関するガイドライン―環境会計の確立に向けて―」，1999 年 3 月。

16）ISO14001 とは，環境関連の法規制などの遵守を基本としたもので，環境マネジメントシステムを指している。企業の事業活動が環境にどのような影響を与えているかを分析し，企業が環境負荷を削減する目的や目標を設定し，さらにそれを達成するために行動計画を策定するシステムを意味している。ISO14001 の承認取得件数はすでに 2,000 件を超えている。

第3章　資産価値の変化と消費需要

1．はじめに

　1991年4月に景気の山に達した日本経済はそれ以降長い下降局面に入ったが，バブル崩壊後の不況長期化の一因には消費需要の低迷があったと考えられる。一般に消費需要は景気変動に対して比較的安定的であり，消費の習慣仮説に代表されるように，不況期には所得低下に対して消費低下の度合が小さいために，消費性向に上昇する傾向がみられる。その結果，総需要の減退が緩和されるので，景気の下支え効果をもつといわれてきた。つまり，消費は経済の循環的変動のなかで安定化要因として作用すると見られてきたのである。

　しかし，今回は景気が低迷するなかで消費性向自体が低下傾向を示しており，消費需要の減少が景気回復の足かせとなっている点にひとつの特徴があるといえる。この不況下での平均消費性向の推移を見ると，1990年，75.3%，91年，74.5%，92年，74.5%となっている[1]。

　今回の消費低下をもたらした要因としては，（1）所得低下，（2）耐久消費財のストック調整，といった循環的要因のほかに，（3）資産価値の変化をあげることができる[2]。経済全体からみればこれら3つの要因が合わさって消費低迷をもたらしたと考えられるが，そのなかでも注目すべきは，資産価値の変化と消費需要の関係であろう。つまり，バブル崩壊によって株価等の金融資産価値の低下が生じたが，この資産価値の低下が消費の落込みに影響したということである。

　一般に，マクロ経済において消費需要の動向を分析する場合には，恒常所得

第3章　資産価値の変化と消費需要 ｜ 37

仮説に代表されるように，フローの場面における所得と消費の関係が注目される。しかし，金融資産をはじめとして資産の蓄積が進む現状においては，ストックとしての資産価値の変化が消費に与える影響を無視することはできない。それゆえ，理論・実証の両面において資産ストックと消費需要の関係を解明することが重要になると思われる。本章では家計の金融資産選択行動を基礎にしながら，わが国におけるバブル期とその崩壊後数年間を中心として資産価値の変化と消費需要の関係を実証的に分析するとともに，資産価値の変動がマクロ経済に与えた影響について考察しようとするものである。

2．資産価値の変化と消費需要

　資産価値の変化が消費需要に与える影響を考察する場合に重要な示唆を与えてくれるのは，ケインズによる資産価値の意外の変化と消費の関係についての指摘であろう。ケインズは『一般理論』において，「純所得の計算において考慮に入れられない資本価値の意外の変化——これは消費性向を左右する点においてははるかに大きな重要性をもっている。なぜなら，それは所得額に対して安定的または規則的関係を持たないからである。富所有階級の消費は，その富の貨幣価値の不測の変化によって著しい影響を受けることがあろう。これは消費性向の短期的変動を引き起こす主要要因の1つとして分類されなければならない。」[3] と述べている。これは，まさにわが国における今日の資産価値の変化と消費需要の関係にも当てはまる。

　ケインズが指摘した資産価値変化と消費の関係についての分析は，その後，マネタリストたちによっても展開されている。たとえば，メッツラー（L. A. Metzler）は民間部門の資産ストックを独立変数として貯蓄関数の中に組み込むことによって資産価値の変化と貯蓄ないし消費の関係を分析している。その際，メッツラーは資産としての株式の価値の変化に注目し，「一定の普通株の実質価値はそのときに広く行き渡っている利子率に対し逆の関係にあると言いうる。利子率が高ければ高いほど普通株保有額の実質価値は低くなり，逆の場合には反対になる。」[4] と述べることによって，利子率の変化に誘発された資

産価値の変化が貯蓄性向あるいは消費性向の変動を引き起こす側面を考察している。なお，消費需要に影響を与えると考えられる資産価値の変化は，メッツラーが強調したような利子率の変化によって引き起こされるもののほかに，物価水準の変動による実質価値の変化によってもたらされるものもある。これにあてはまるものが，ピグー効果あるいはパティンキンの実質残高効果である。メイヤー（L. H. Meyer）は，両者の関係を整理し，前者を「利子率誘発的富効果」（The interest-induced wealth effect），後者を「価格誘発的富効果」（The price-induced wealth effect）と呼んでいる[5]。このうち，バブル期およびその崩壊後のわが国における資産価値変化と消費需要の関係を説明するものは「利子率誘発的富効果」であるといえる[6]。

そこで，次に資産価値変化がどの程度個人消費支出に影響を与えるかをメッツラーと同様に株価の変動を中心として検証する。

3．家計の金融資産選択行動と資産価値変化

表 3 − 1　株価の騰落率

		東証株価指数	東証平均
1981 年昭和 56		16.52	9.32
1982	57	▲ 0.73	▲ 1.48
1983	58	18.08	19.02
1984	59	25.96	19.99
1985	60	22.35	18.82
1986	61	32.73	30.50
1987	62	48.26	41.54
1988	63	8.71	16.75
1989	平成 1	20.38	26.03
1990	2	▲ 15.23	▲ 13.42
1991	3	▲ 15.37	▲ 17.56

出所：東洋経済『統計年報』1992 年より作成。

第 3 章　資産価値の変化と消費需要 | 39

（1）マネーサプライ変化と株価変動

　わが国のバブル期とその後のバブル崩壊過程を通じて株価は大きく変動した
が，そうした変動の背景には，マネーサプライの変化を通じた利子率の変化が
大きく影響したと考えられる。まず株式について東証株価指数と東証平均の動
きを見てみると，表 3 - 1 に示されるように 1980 年代後半のバブル期には
1988 年のブラック・マンデーを除くと株価は騰貴しているのがわかるが，
1990 年以降はバブル崩壊にともなって低下している。次に，利子率の動きに
影響を与える貨幣的要因の動向についてみていく。表 3 - 2 を見ると，1989
年までベースマネーは拡大しており，これによってマネーサプライは増加をつ
づけたが，1990 年以降ベースマネーの低下が大きくなっており，これがマネー
サプライの落込みに大きく作用したと考えられる。利子率の動きについては，
図 3 - 1 の（1）と（2）に定期預金金利および普通預金金利の変化を示して
おいたが，長短プライムレートや貸出約定平均金利をみても同様の動きをして
いる[7]。

　マネーサプライの変化は利子率に影響を与えるが，利子率の変化は人々の資
産選択行動に影響することによって資産価値の変動をもたらすと考えることが
できる。株価の動向に注目すると，マネーサプライの増加によって利子率が低

表 3 - 2　資金需給実績表

（単位：億円）

	1986	1987	1988	1989	1990	1991
① 日　　銀　　券	14,106	23,019	31,135	51,017	23,778	△ 849
② 財　産　要　因	△ 4,381	2,965	6,087	3,992	36,365	△ 192,454
③ そ　　の　　他	2,731	△ 13,344	△ 12,339	10,259	13,268	53,426
④ 資　金　過　不　足	△ 21,218	△ 6,710	△ 12,889	△ 57,284	25,855	△ 139,877
⑤ 日　銀　信　用	20,572	10,596	25,713	55,864	△ 18,470	129,386
⑥ 準　備　預　金	646	△ 3,886	△ 12,824	1,420	△ 7,385	△ 9,642
⑦ ベースマネーの変化額	13,460	26,905	43,959	49,597	16,393	△ 8,793

出所：日本銀行『経済統計年報』，1992 年より作成。

下する局面では資産の期待収益率が高まるために，金融資産への投資が増加することによって資産（株式）の価格を高めることになる[8]。一方，マネーサプライが縮小し，利子率が上昇する局面では，資産の期待収益率が低下するために，金融資産への投資も減少し，そのことが資産価格を引き下げることになる。こうした分析は，今回のバブル期における利子率変化と人々の資産選択行動の関係を説明しうるものであり，ここから，マネーサプライの増減が利子率の変動を通じて人々の金融資産への需要を変化させ，それが株価をはじめとして各種資産の価格変動をもたらしたとみることができる。

（2）安全資産と危険資産の選択

利子率の低下局面と上昇局面における家計の資産選択行動を安全資産と危険資産に分けて統計的に検証したものが図3－1の（1）と（2）である。この

図3－1　安全資産・危険資産

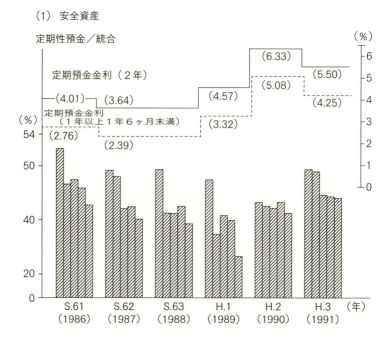

(2) 危険資産

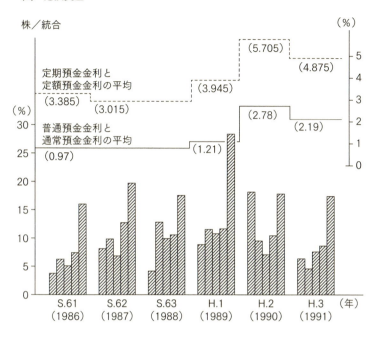

出所:総務庁統計局『家計調査報告』,『貯蓄動向調査報告』1992年より作成。

図は,所得階層を五分位に分け,各階層が金利の変化に応じて安全資産(定期性預金)と危険資産(株式)をどのように保有したかを示したものである。

図3-1のうち,まず(1)の安全資産について見てみると,バブル期の金利低下(期待収益率上昇)局面では,所得階層が上位の人々は安全資産の保有比率を低下させているのに対して,下位層は保有を増加させている。一方,(2)の危険資産をみると,金利が低下するバブル期には上位層は危険資産を増やしており,バブル崩壊時には危険資産を手放す傾向にあったことが伺える。これに対し下位層は,金利が上昇しバブルが崩壊する局面で危険資産の保有を増加させている[9]。この図からわかるように,家計の資産選択行動を全体として見てみると,利子率が低下する局面では,人々は危険資産(株式)への需要を高めるが,利子率が上昇する場面ではそうした資産への需要を減少させている。

そこで、次にこうした検証結果を踏まえて、株に代表される資産価値の下落が消費に与えた影響についてみていく。

(3) 株価変動と消費需要

先に表3-1で見たように、1980年代後半に騰貴した株価は、バブルの崩壊にともなって低下している。これに対応させて個人の株式保有額と金融資産に占める株式の保有率の動きを示すと図3-2のようになる。これを見ると、平成2年（1990年）以降、株価の下落による評価額の低下から金融資産に占める株式の保有率が減少していることがわかる。

さらに、個人の1カ月の消費支出額とその変化率を示すと図3-3のようになる。図3-2と3を合わせて見てみると、株価が上昇し保有率が増加するときには消費支出の変化率も上昇し、株価が低下し保有率が低下するときには変化率も下落していることがわかる。結果として、ここには株価の変動によって消費が影響を受けるという意味で資産効果、先に示したメイヤーの表現を使えば「利子率誘発的富効果」が働いていることがわかる。そこで、次には株価変動が消費に及ぼす影響の大きさを実証的に分析してみよう。

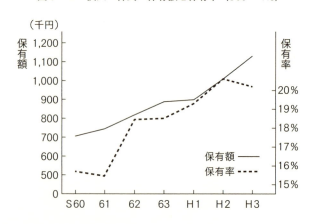

図3-2 個人の株式の保有額と保有率 (S60～H3)

出所：総務庁統計局『家計調査報告』、『貯蓄動向調査報告』、1992年より作成。

第3章　資産価値の変化と消費需要　｜　43

図3－3　個人の消費支出額（1カ月）とその変化率（点線右目盛）

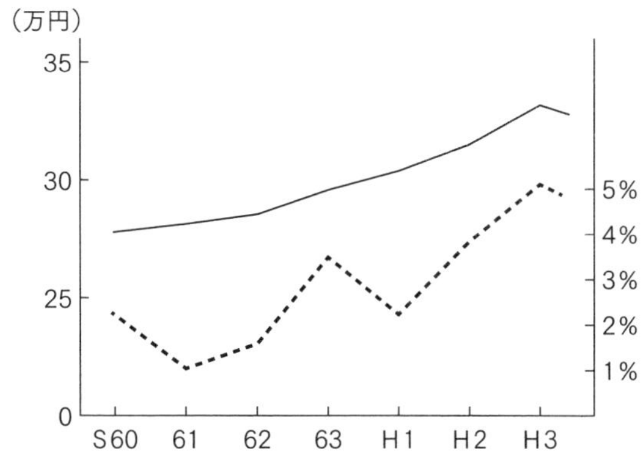

出所：総務庁統計局『家計調査報告』1992年より作成。

　個人消費ベースにおいて，株価の変動が消費支出に及ぼす効果を実証的に分析したのが表3－3の「株価変動と消費」である[10]。この表には，1987年から1991年までの株価変動と消費の関係が示されている。表の左欄のうち，株価変化率は表3－1の東証株価指数を用いている。株式保有額は個人についてであり，たとえば1990年には100万円であり，91年には112万円である。この株式保有額に株価変化率を掛けると株価資産の増減分がでる。これにより個人の株式資産残高に対する株式のキャピタル・ゲイン（キャピタル・ロス）の割合がわかる。純資産係数はキャピタル・ゲインが資産に組み込まれる割合である。第4欄の消費効果は，株価資産の増減分（株価変化率×株式保有額）に純資産係数を掛けたものであり，これによって株価変動の効果としての消費支出の変化分を表すことができる。たとえば，1987年の消費効果を見てみると，

　0.4826 × 82万円 × 0.02 ≒ 7,915円

となる。つまり，87年には株価上昇により約7,915円の消費の増加があったということである。これをバブル崩壊後についてみると，1990年には，

　－ 0.1523 × 100万円 × 0.02 ≒ － 3,050円

表3−3 株価変動と消費

	1987	1988	1989	1990	1991
株価変化率	48.26%	8.71%	20.38%	△ 15.23%	△ 15.37%
株式保有額	820（千）	880（千）	890（千）	1,000（千）	1,120（千）
純資産係数	0.02	0.02	0.02	0.02	0.02
消 費 効 果	7.91（千）	1.53（千）	3.63（千）	△ 3.05（千）	△ 3.44（千）

備考：純資産係数については，岩田一政教授が『現代金融論』で使った推定値を利
用させていただいた[11]。

となり，約3,000円の減少となっている。さらに，91年には，

$$- 0.1537 \times 112 万円 \times 0.02 \fallingdotseq - 3{,}443 円$$

となり，減少幅が拡大している。

　以上の結果から，株価の変動は個人消費に影響を及ぼすことが検証できる。
わが国においては，家計貯蓄率が高くそれにつれて家計部門でも金融資産の蓄
積が急速に進んできたが，資産規模の拡大につれて資産価値の変動による資産
効果が消費需要の動きを不安定化させる可能性が高まるといえる。その意味
で，金融資産の蓄積が進む今日のわが国にはケインズの強調した資本価値の意
外の変化が消費性向の短期的変動を引き起こす効果を問題とすべき現実的基盤
が存在するといえる。

4．資産デフレの構造

　これまでは，株価の変動を中心にしながら，資産価値の変化と消費需要の関
係を実証的に検討してきた。次には，マクロ経済の視点から，家計における金
融資産の蓄積を背景として，資産価値の変動が直接・間接に消費需要に与えた
影響を日本経済の現実に即して見ていく。

(1) 資産と負債の両建て化

　すでに示したように、家計部門では高所得層を中心にして1986年から89年のバブル期にかけて、金融緩和および低金利を背景として積極的な資産運用が行われた。とくに、景気拡大にともなう所得上昇によって貯蓄額が増大し、安全資産での貯蓄が確保されたために、より高い収益の期待できる有価証券、ワンルーム・マンション、リゾート・マンションといった価格変動の大きい危険資産の保有が増加していった。危険資産は資産価値の変動も激しいためにカネ余り状況のもとでは大きな価格上昇が期待できる。資産価値が上昇するようなときには貯蓄は計画期間よりも早く目標に到達できる。家計におけるこのバランス・シートの好転は心理的余裕を生み出すためにフローとしての消費支出を拡大させる効果を持つと考えられる。さらに重要なことは、資産の評価額の上昇は担保能力を拡大させ、借入れの増加を促すということである。

　「経済白書」(平成5年)が指摘するように、1986年から89年には資産価値の上昇とともに負債増加のテンポが高まった。とくに土地を担保とした個人向け

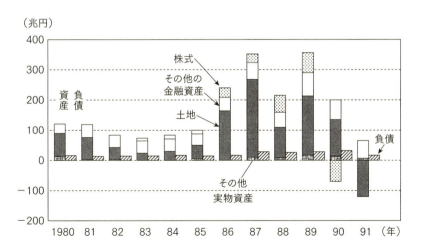

図3－4　家計部門の資産・負債の増減額の推移

備考：経済企画庁『国民経済計算年報』により作成。
出所：『経済白書』平成5年版。

融資の増大は，住宅や耐久消費財の購入，さらには証券投資に使われたものと思われる。そこには，評価額の増大した資産を担保として負債を増加させていく家計の姿がみられる[12]。家計の資産・負債の増減額は図3-4に示されるとおりである。この図からも，バブル期において資産とともに負債が増加したことがわかる。ここには，急速に膨張した資産を担保に負債が増大し，それに支えられて支出が拡大するというバブル期特有な活動の姿がみられる。

(2) バランス・シートの調整

1990年以降，バブル崩壊にともなう資産市況の暴落で家計が保有する資産には大幅な含み損が発生した。このことは家計のバランス・シートを著しく悪化させた。このバランス・シートの悪化は，バブル期における資産と負債の両建て化を背景として生じたといえる。図3-5を見ると，家計は資産の増加にあわせて負債を増加させ，その結果80年代後半には可処分所得に対する借入

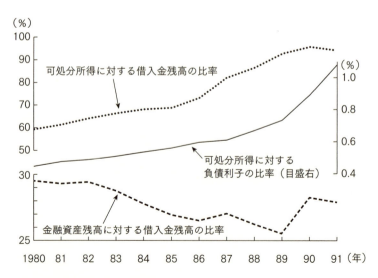

図3-5 家計の負債残高と利払い負担

備考：経済企画庁『国民経済計算年報』により作成。
出所：『経済白書』平成5年版。

金残高の比率が急上昇していることがわかる。この比率は90年代に入ってからも高止まりに推移し，それにともない可処分所得に対する負債利子の比率が急激に上昇している。さらに，バブル崩壊により金融資産残高の時価評価額が低下したために，金融資産残高に対する借入金残高の比率が上昇した。このことは，借入金の返済負担が高まったことを意味している。

　資産価値の下落は，資産価値そのものの低下による消費抑制効果だけでなく[13]，バランス・シートの悪化を通じて2つの面から消費抑制効果をもたらす。その1つは，資産価値低下による債務負担増加が消費を減退させるということであり，もう1つは資産価値低下により悪化したバランス・シートを回復するために消費を抑えて貯蓄せざるをえないということである[14]。このことは，結局，資産と負債の両建て化のもとで，バブル崩壊にともない資産の価値は瞬時にして減少したにもかかわらず，その資産を担保として積み上げられた負債はそのまま残ったために生じたものである。これは，今回のいわゆる資産デフレの経済的影響を考える場合に最も注目すべき現象であると思われる。まさに，ここには債務負担の増加が支出を減少させるという「フィッシャー効果」が生じている。

　さらに，資産価値の低下により債務の返済が困難になる場合，資産を売却せざるをえなくなり，それが資産価値の一層の低下をもたらすことになる。ここには，ストック価値の低下がさらにストック価値を低下させるという資産デフレの累積効果が見られる。こうした状況のもとで，資産市況の低迷が続き，しかもフロー面でも家計の所得環境の好転が期待し難いとなれば，家計のバランス・シートの回復には時間を要し，家計は引き続き慎重な消費行動をとらざるを得ないとみられる。

5．資産デフレとマクロ経済

　これまで，資産価値の変動と消費需要の関係を中心に見てきたが，バブルの発生と崩壊を軸に展開した景気変動の過程で資産価値の変化がマクロ経済に与えた影響も大きかったと思われる。

すでに見たように，資産価値の増大は，資産効果による消費支出の増加を生み出すとともに，担保価値の上昇により家計の借入れ能力を高め，これが資産への再投資や消費支出の拡大を促した。こうした支出の増大に対応して，企業は設備投資を拡大し生産の増加をはかった。そこには，ストック価値の変化によるフローの拡大効果がみられる。また，企業も投資拡大に際して増大した資産価値をもとに資金調達を膨らませている。ここには，資産価値の高まりが負債の増加を可能にし，それがさらに資産価値を高め，それによってまた負債が増大するというメカニズムが生じたといえる。これがバブル期における累積的な景気拡大を支える１つの要因となった。そして，こうした状況を金融機関の過剰融資が支えた。銀行はバブルで膨らんだ負債を担保に資金の貸出を拡大させたのである。

バブル崩壊とともにこのメカニズムは逆転することになる。今度はマイナスの資産効果がフローの生産・支出を縮小させ，それがまたストック価値を低下させる。しかも，金融機関の膨大な不良債権に代表されるように資産価値が低下しても負債は減少しないためにその処理には時間がかかる。フロー面でも，需要は短期間で減少するが生産量の調整には時間がかかる。それゆえ，経済が資産デフレの影響を吸収するまでには長い調整期間を必要とせざるをえないのである。

かつて，ケインズは『一般理論』のなかで，貨幣経済の発展にとって必要な株式市場の発達が企業を投機の渦巻のなかに巻き込む危険のあることを指摘した[15]。同様に，国民資産がかつてないほど増大したわが国において，資産価値の変動が国民経済を不安定化させる要因となりつつある。それゆえ，家計だけでなく，企業，金融部門を含めて，ストック経済の体系的な分析と解明が必要であるように思われる。

6. 結びに代えて

本稿では，主として実証分析を中心にして資産価値の変化と消費需要の関係を考察してきた[16]。そこで検証されたように，資産価値（株価）の変動は消費

第3章　資産価値の変化と消費需要 | 49

需要を変化させる一因となりうる。まさに，ケインズが指摘したように，「人
が資本価値の意外の増加を享受しつつある場合には，たとえ彼の資本が所得を
基準としてみれば以前より大きな価値をもっていないとしても，当期の支出に
対する動機が強められ，逆に彼が資本損失を蒙っている場合には，それが弱め
られる」[17]と考えることができよう。その意味で，今日の消費は可処分所得だ
けでなくストックとしての金融資産にも依存する。消費需要のストック分析が
必要とされる理由もここにある。

　既存の理論を用いて消費動向をマクロ経済的に見る場合には，消費を決定す
る要因を所得と資産価値の変化に求めるライフ・サイクル仮説が有効であると
思われるが，今後の課題は，いわゆる資産効果の働きをマクロ経済モデルの中
に位置づけるということであろう。これまでにも，クラウディング・アウト効
果をめぐる議論において，ブラインダー（A. S. Blinder）とソロー（R. Solow）に
よってIS－LMモデルに富効果を導入するという形で，マクロ経済における
資産効果が問題とされたことがある[18]。しかし，ブラインダー＝ソローモデ
ルは標準的なIS－LMモデルと同様に価格水準が一定と仮定されているため
に，メイヤーの言う「価格誘発的富効果」の影響が不明瞭であるとの批判もあ
る[19]。いずれにしても，「資産効果の基礎はまだ不明確」[20]であり，理論・実
証[21]の両面からより一層の検討が必要とされるということである。

【注】

1）「平成5年版家計消費の動向——消費動向調査年報」経済企画庁調査局編　参照。

2）平成5年度『経済白書』では，1990年以降のわが国における消費低迷の要因として（1）
　所得要因，（2）耐久消費財のストック調整要因，（3）バブル崩壊要因，（4）消費のデモン
　ストレーション要因の4つをあげている。

3）J. M. Keynes, *The General Theory of Employment, Interest and Money*, Macmillan,
　London, 1936.
　　塩野谷祐一訳『雇用・利子および貨幣の一般理論』ケインズ全集第7巻，東洋経済新報
　社，1983年，邦訳92頁。

4）L. A. Metzler, "Wealth, Saving, and the Rate of Interest" *The Journal of Political*

Economy, Vol. LIX (1951), PP. 93-116.

　フリードマンも広範な資産ポートフォリオの調整が支出に与える影響を重視している。

　M. Friedman, "A Theoretical Framework for Monetary Analysis", in Gordon, R., (ed), *Milton Friendman's Monetary Framework,* Univ. of Chicago, 1970, PP.27-29　加藤寛孝訳『フリードマンの貨幣理論』マグロウヒル好学社，1978年，所収。

5）L. H. Meyer, "Wealth Effects and the Effectiveness of Monetary and Fiscal Policies", *Journal of Money, credit, and Banking,* Nov., 1974, PP.486-487.

6）バブル崩壊後の長びく景気低迷の中で，とくに1994年から95年にかけて物価上昇率が低下する現象が生じている。こうした状況のもとでは，物価下落による実質所得の増加が消費需要を増大させるという「ピグー効果」も期待できよう。これについては，『経済白書』（平成7年版）が，価格破壊による実質所得の増大は消費需要を増加させる効果をもつために景気へのプラスの寄与を期待することができるとしている。平成7年度『経済白書』第1章，第6節　進展する「価格破壊」参照。

7）これについては，「日本銀行月報」1993年7月号における（図表27）「貸出金利等の動向　（1）貸出金利の動向」参照。

8）株価と利子率の基本的な関係を説明するものとしては，配当割引モデルがある。いま，株式の現在価値を P_t^* とし，毎期得られると予想される配当の予想値を d_1, d_2, d_3, ……とする。さらに，債券利子率を i, とすれば，株式の現在価値は，

$$P_t^* = \frac{d_1}{(1+i)} + \frac{d_2}{(1+i)^2} + \frac{d_3}{(1+i)^3} + \cdots\cdots$$

$$= \frac{d}{(1+i)} \left[1 + \frac{1}{(1+i)} + \frac{1}{(1+i)^2} + \cdots\cdots \right]$$

$$= \frac{d}{(1+i)} + \cfrac{1}{1 - \cfrac{1}{(1+i)}}$$

$$= \frac{d}{(1+i)} \times \cfrac{1}{\cfrac{i}{(1+i)}}$$

$$= \frac{d}{i}$$

となる。したがって，株価は配当（d）を債券利子率（i）で割った値に等しくなるということがわかる。ここから，利子率が低くなると株価は高くなり，利子率が高くなると株価は低くなるという関係を示すことができる。これは，「株価が，現在から将来にかけてのキャッシュフローの割引現在価値を示す」という株価についてのもっとも基本的な考え方にもとづいて展開されたものである。これについては，植草一秀『金利・為替・株価の政

治経済学』岩波書店，1992 年　第 4 章「株価」参照。

9）図 3 - 1，(2) の危険資産に示された家計の資産選択行動からは，異常ともいえる資産インフレのなかで，不十分な情報にもとづいてマネー・ゲームに遅れて参加した所得下位層の人々がバブル崩壊の影響を大きく受けたということができよう。

10）ここでの実証結果は，1993 年 6 月 18 日に阪南大学で開催された日本消費経済学会，第 18 回全国大会における筆者の報告「マネーサプライ管理と消費者行動」にもとづいている。

11）岩田一政『現代金融論』日本評論社，1992 年，第 10 章「資産市場クラッシュの原因と経済効果」参照。

12）負債増加のなかには相続税対策のためのものも含まれていると思われる。この場合には，負債を持つことが節税対策になるとの認識があったのである。

13）資産価値の下落が消費支出に与える影響のなかには心理的効果も作用すると考えられる。資産価値が下落すると急に貧乏になったような気にさせられることになり，それが消費，とくにぜいたく品への支出を減退させると思われる。バブル崩壊後の消費低迷の要因のひとつとしても全般的な資産価値の低下がもたらした心理的要因をあげることができよう。これに関して，レイヨンフープドは，消費の所得依存性を第一の心理的法則とするならば，資産価値変化と消費の関係は，「ケインズの消費に関する第 2 の心理法則とみることができよう。」と述べている。

　A. Leijonhufvud, *On Keynesian Economics and the Economics of Keynes,* Oxford Univ. Press, 1968. 根岸隆監訳。

　　・日本銀行ケインズ研究会訳『ケインジアンの経済学とケインズの経済学』東洋経済新報社，1978 年，邦訳 208 頁。

14）家計のバランス・シートの悪化は消費者信用の面からも確認できる。1980 年代後半から消費者信用残高は家計可処分所得の伸びを大きく上回っている。その結果，家計可処分所得に対する消費者信用残高の比率は，86 年の 13.4 ％から 89 年には 20.1 ％，90 年には 22.5 ％に上昇し，92 年には 23.2 ％となっている。このことは，家計における消費者信用負担が増大していることを意味するものである。日本クレジット産業協会編，通商産業省産業政策局取引信用室監修「日本の消費者信用統計，94 年版」日本クレジット産業協会，1994 年，参照。

15）J. M. Keynes，前掲邦訳，157 頁。

16）資産価値の変化を考える場合，地価の上昇や下落といった問題もある。しかし，土地の大部分は住居用であることを考慮すれば，たとえ資産価値が増加してもすぐに売却して消費にあてるとは考えにくい。ゆえに，地価変動による資産効果は極めて小さいとみられる。平成 4 年度『経済白書』でも，地価の変動は全体としての個人消費に有意な影響を及ぼさないと述べている。

17) J. M. Keynes, 前掲邦訳, 94 頁。

18) A. S. Blinder, and R. Solow, "Does Fiscal Policy Matter?" *Journal of Public Economics,* Vol.2, 1973.

19) 岩佐代市「クラウディング・アウト論争と富効果」『国民経済雑誌』第 131 巻, 第 6 号, 1977 年。

20) A. Leijonhufvud, 前掲邦訳, 220 頁。

21) 実証面から資産効果を分析するためには家計の資産保有額を包括的に推計したデータが必要である。これについても, 研究成果の蓄積は不十分である。家計資産保有の実態を解明した最近の研究としては, 高山憲之編著『ストック・エコノミー』東洋経済新報社, 1992 年がある。

第4章　耐久消費財のストック循環

1. はじめに

　本章では，消費需要の構造分析の一環として，耐久消費財の循環的変動に焦点をあてて，消費需要とマクロ経済の関係を分析するとともに，耐久消費財の需要を左右する要因を考察する。

2. 消費需要とマクロ経済

　消費需要は総需要の約6割を占めており，その動向は景気を左右するうえで重要な役割を果たすと考えられる。全体としての消費の動きは，国民所得に占める割合としての「平均消費性向」によって表すことができ，この平均消費性向の動きから景気に対する消費の役割を判断することができる。平均消費性向が高いということは，所得に比して消費の伸びが大きいので景気拡大にはプラスに寄与する。一方，平均消費性向が低いようでは消費からの景気拡大は期待できない。

　従来，消費の動きは所得の変動に比べて変動幅が小さいことから，とくに所得が低下する景気後退期には所得の低下ほど消費が落ちず，平均消費性向が上昇することから，総需要の下支えの役割を果たすと見られていた。しかし，図4-1に示されるように，とくにバブルが崩壊した1990年以降，景気後退期にもかかわらず，平均消費性向の低下が見られ，これが景気を不安定化させる要因となる傾向がみられる。

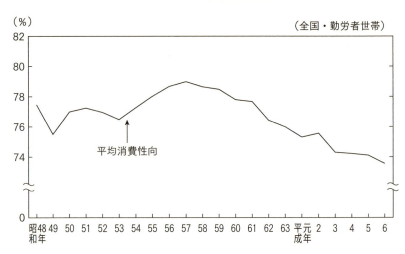

図4-1 平均消費性向の動き

出所:「平成7年版 家計消費の動向―消費動向調査年報」経済企画庁調査局編。

　図4-1からもわかるように，1990年（平成2年）以降，平均消費性向は低下傾向にある。これは，消費需要の低迷を示すものであるが，その要因のなかで，もっとも基本的なものは，所得要因である。バブル崩壊後，雇用者所得が伸び悩むなかで，所得の伸びの低下が消費の低下をもたらしたと考えられる。しかし，平均消費性向が低下したということは，所得の低下以上に消費が低下したということであり，ゆえに消費の動きは所得の変化だけでは説明できないといえる。そこには，次節で説明するように，平均消費性向の低下要因として耐久消費財のストック循環の存在を考えることができる。

3．マクロ経済と耐久消費財のストック調整

　耐久消費財が消費需要全体に占める割合は小さい。しかしながら，耐久消費財は他の消費財とちがって長期に渡って保有されるものであり，家計はいったん耐久消費財を保有すると，ある期間はそれを保有し続け，特定の時点でそのストック量を調整すると考えられる。ここで重要なのは，ストック調整は連続

第4章 耐久消費財のストック循環 | 55

図4-2 主な耐久消費財支出の推移（前年同期比）

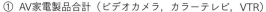

① AV家電製品合計（ビデオカメラ，カラーテレビ，VTR）

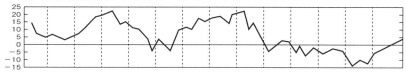

② 白物家電製品合計（冷蔵庫，洗濯機，電子レンジ，掃除機）

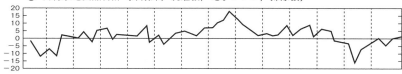

③ エアコン

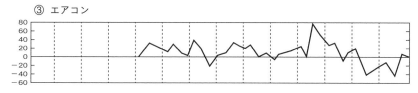

④ 乗用車

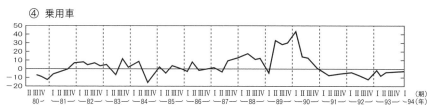

備考：1．日本自動車工業会「自動車統計月報」，家電製品協会「家電産業ハンドブック」，日本電子機械工業会「民生用電子機器データ集」，総務庁「家計調査」により作成。
　　　2．複数の耐久消費財の合計は，各耐久消費財の国内出荷台数（乗用車は新車新規登録・届出台数）に家計調査より算出した購入単価を乗じて内国調査第一課で合成したもの。
出所：「経済白書　平成7年版」。

的に行われるのではなく，特定の時点でまとめて行われる場合が多いということである。そうであるとすれば，耐久消費財の需要は特定の時期に集中する可能性がある。それゆえ，消費需要全体に占める割合は小さくとも，その影響は

無視し得ないものがあるといえる。

さらに，耐久消費財のストック調整が特定の時期に集中する理由は，耐久消費財の購入圧力が所得の増大する景気拡大期に集中する傾向があるという点にある。購入期間が集中すると，一定期間後には買い換え需要が一斉に発生することになる。このことにより，耐久消費財は他の消費財よりも所得の変化に対する変動が大きく，いわゆるストック循環が形成されることになる。この動きを具体的な事例で見ると，次のような動きがみられる。

図4－2には，家電製品，エアコン，乗用車の国内出荷金額の動きが示されている。それぞれの動きを見てみると，AV家電については，86年から88年にかけて需要の増加がみられ，白物家電製品（冷蔵庫，洗濯機，電子レンジ，掃除機）の動きをみると，87年から88年の山が高くなっている。これは，この時期に大型化，高機能化などをアピールした新製品投入による需要掘り起こしにより，耐久消費財の保有水準が一段と高まったためと思われる。この家電製品の需要増加の背景には，バブル期の需要前倒しも考えられる。エアコンは90年の猛暑により需要が急増したと考えられる。乗用車は88年から90年にかけて需要増加が見られる。これもバブルによる景気拡大が影響したとみられる。

このような需要の増加は，こうした耐久消費財の普及率が高いことから見て，基本的には買い換え需要によって引き起こされる割合が大きいと考えられる。なお，需要の高まりが，家電製品と乗用車でズレているのは，買い換えサイクルの長さの違いと，家電は必需的な需要が多いのに対して，乗用車は嗜好性が強いといった性格の違いによるものである。とくに，乗用車は88年から90年にかけて，景気拡大にともなう所得上昇，株価上昇による資産効果，物品税廃止による価格低下により，ユーザーの買い換え需要が集中し，図4－3に示されるように，3年から5年（1回，2回目の車検）のサイクルで買い換えていた人が購入を増やしたとみられる。

こうした分析からもわかるように，家電，車を含めて，91年から92年にかけてストック調整の進展により，耐久消費財の消費が減退したと考えられる。結果として，91年から92年にかけてストック調整による耐久消費財の需要減退が生じ，それが図4－4にみられるように，国内総支出と民間最終消費支出

第4章　耐久消費財のストック循環 ｜ 57

図4-3　新車購入者の保有車使用期間

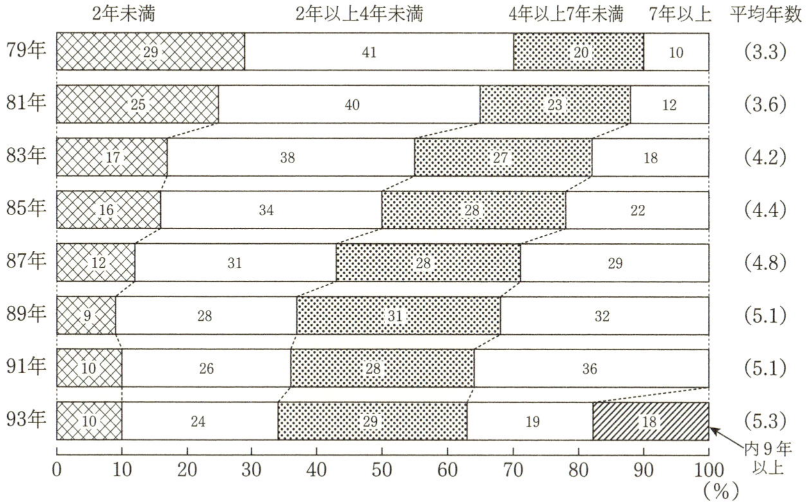

年	2年未満	2年以上4年未満	4年以上7年未満	7年以上	平均年数
79年	29	41	20	10	(3.3)
81年	25	40	23	12	(3.6)
83年	17	38	27	18	(4.2)
85年	16	34	28	22	(4.4)
87年	12	31	28	29	(4.8)
89年	9	28	31	32	(5.1)
91年	10	26	28	36	(5.1)
93年	10	24	29	19　18	(5.3)

（内9年以上）
（単位：%）

備考：日本自動車工業会「乗用車市場動向調査」により作成。
出所：「経済白書　平成7年版」。

のギャップを拡大させ，景気の低迷に影響を与えたと見ることができる。

　図4-4には，1981年から1992年までの期間についての，国内総支出，家計最終消費支出，および耐久消費財支出の対前年比の推移が示されている。これを見ると，国内総支出と家計最終消費支出の間にいくつかの乖離がみられるが，このギャップと耐久消費財支出の動きが関連しているとみられる。

　なお，92年以降は，全体としてはストック調整が進展してきているので，ストック調整が耐久消費財を抑制する力は次第に弱まりつつあるとみられる。とくに，買い換え需要が潜在的に大きいことから，耐久消費財が回復する条件は整いつつある。それゆえ，1994年以降，消費回復による緩やかな景気回復の理由として，所得減税，猛暑，価格破壊，のほかに，耐久消費財のストック調整の終了による買い換え需要の高まりをあげることができる。

　以上のことから，消費活動とマクロ経済との関係を考える場合，耐久消費財のストック調整にも注目すべき意味があると考えられる。

図4－4 国内総支出・家計最終消費支出・耐久消費財支出

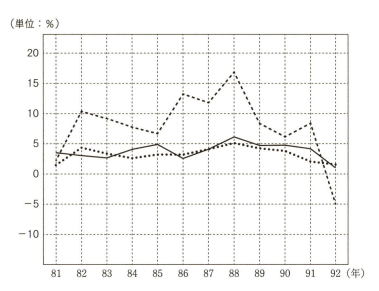

	81	82	83	84	85	86	87	88	89	90	91	92
——国内総支出	3.5	3.1	2.7	4.2	4.9	2.6	4.1	6.2	4.7	4.8	4.2	1.1
・・・家計最終消費支出	1.5	4.4	3.4	2.7	3.3	3.3	4.2	5.2	4.3	3.9	2.1	1.6
---耐久消費財支出	1.9	10.4	9.2	7.8	6.7	13.3	11.8	17	8.3	6.2	8.5	-5.1

備考：『国民経済計算年報』（平成6年版）経済企画庁編より作成。

4．耐久消費財の循環的要因

　これまで，マクロ経済における耐久消費財の循環的変動と GDP との関係について見てきたが，ここでは，耐久消費財の需要に影響する要因を整理しておくことにする。耐久消費財に影響を与える要因としては，およそ次のようなものをあげることができる。

（1）所得要因

　耐久消費財の購入は可処分所得の上昇に影響される。これは，景気拡大期に耐久消費財の需要が高まるという事実から推測することができる。このように，耐久財の購入にはその支払い金額を賄うための所得が必要となるが，耐久消費財の購入は必ずしも現行の所得に制約されない面があることにも注意する必要がある。それは単価の高い耐久財を購入する場合，貯蓄が使われるケースが多いからである。また，将来の所得を先取りする形でローンによる購入も可能となる。したがって，日常的な消耗品の購入と異なり，耐久消費財は，現在の所得だけでなく，過去の貯蓄，将来収入の借り入れという，過去・現在・将来の3つのルートに支えられている。

（2）価格要因

　耐久消費財の普及や販売台数を決定する上で，価格は重要なファクターである。一般に耐久消費財は1個当たりの単価が高い商品が多いために，その製品が発売された当初は高価なので販売台数も限定されるが，次第に量産されるにしたがって平均価格が低下するために需要が拡大するという傾向がみられる。ただし，耐久消費財の場合には，単に価格が下がれば需要が伸びるというだけでなく，品質を考慮した「使い心地」から判断して妥当な価格であれば売れるという面もある。

（3）住宅建築

　耐久消費財は住宅建設に誘発される部分が大きい。とくに，家具，冷暖房器具，什器，温水器，家電製品などは密接な関係をもつ。たとえば，住宅金融公庫が93年1月に実施した消費実態調査によると，公庫を利用して住宅を取得した世帯が一年後に購入した耐久消費財は平均139.7万円であった。これは，「家計調査」による平均的な勤労者世帯の購入額26.9万円の約5倍に当たるものである。こうした結果からみて，住宅建設が増加すると耐久消費財の消費も増加するといえる。

（4）物理的・相対的陳腐化

　耐久消費財の循環的変動を生む大きな要因は買い換え需要によって生じるものである。その1つは，耐久消費財の物理的な使用年数にかぎりがあるということである。この物理的陳腐化による買い換えの発生は，耐久消費財の買い替え需要の理由の多くが「故障」であるところから推察できる。もう1つは，相対的な陳腐化である。これは，新製品の登場によって買い替えが促進されることによって生じるものである。たとえば，冷蔵庫やテレビの大型化，オーディオ機器のコンパクト化，パソコン，VTRの高品質化などにより旧製品の相対的陳腐化が速められるということである。

（5）消費税の引き上げと駆け込み需要

　消費税の導入後は，消費税の引き上げが駆け込み需要を引き起こし，それが耐久消費財の一時的な需要増加をもたらす。耐久消費財は消耗品と異なり財1つ当たりの単価が高いために消費税の引き上げによる負担が大きい。そこで，引き上げ前に購入しておこうとする消費行動が生まれることになる[3]。耐久消費財の場合，こうした需要増加が一定期間後にストック循環という形で需要の増加をもたらすとみられる。

5．消費需要の構造分析の必要性

　前章でも述べたように，今日における消費需要の動向をみると，従来考えられてきたような総需要を下支えする景気安定化要因から景気を不安定化させる要因へと変化しつつある。

　その背後には，金融資産，実物資産（耐久消費財）を含めた消費経済におけるストック化がある。ストック化によってもたらされる資産効果や耐久消費財の循環的変動が消費主導型の景気変動を引き起こす可能性がある。少なくとも景気変動幅を増幅させることになる。

　従来，ケインズ以降のマクロ経済学における消費需要の分析は，平均消費性向の安定性をめぐる消費関数論争のなかで議論されてきた。今後は，耐久消費

第4章　耐久消費財のストック循環 | 61

財の循環的変動および資産価値変化などにもとづく消費需要の変動を解明する
ために構造的な分析を進める必要があると思われる。マシューズが指摘するよ
うに，耐久財の循環的な変動は，全消費財の構成が非耐久財からなる場合より
も消費の変化をより大きなものにする可能性があるといえる[4]。

【注】

1）耐久消費財の変動を分析する際に注目すべきは，マシューズの視点であろう。マシュー
　　ズは『景気循環』において，耐久消費財がストックとしての性格を有するために，投資の
　　変動と同様に循環的変動の性質をもつことを指摘している。
　　　R.C.O. Matthews, *The Trade Cycle,* James Nisbet and Co. Ltd, Digswell Place, Welwyn,
　　Herts, and Cambridge University Press in association with the University of Chicago
　　Press, 1959　海老沢道進訳『景気循環』至誠堂，1961 年，邦訳，168 頁。
2）資産価値の変化も耐久消費財の購入に影響すると考えられる。たとえば，株価の上昇に
　　伴う資産価値の増価は，単価の高い耐久財の購入を促すと考えられる。
3）2014 年 4 月に行われた 5 ％から 8 ％への消費税の引き上げの際には，住宅建設や耐久消
　　費財への駆け込み需要が生じ，それが一時的に景気を押し上げる効果をもたらした。ただ
　　し，その年の 4 月以降は，駆け込み需要の反動と，消費税の引き上げの影響で消費は大き
　　く落ち込むことになった。
4）マシューズ，前掲邦訳，170 頁。

第5章　消費低迷の要因分析

1．はじめに

　日本経済は2002年2月から2007年10月まで69カ月にわたり景気が拡大していた。この長さは高度経済成長期のいざなぎ景気（1965年11月から1970年7月の57カ月間）を抜き，戦後最長であった。この景気拡大が始まった2002年は，日本経済が1990年代後半のデフレ不況からようやく立ち直ることができた時期であった。

　世界経済の状況をみると，2000年以降，ITバブルの崩壊から立ち直ったアメリカでは低金利のもとで世界中からカネが流入する中でサブプライム・ローンによる住宅バブルが発生し，景気拡大がみられていた。一方，中国やインドといった新興国もアメリカへの輸出拡大もあって高成長を達成していた。2000年代に入ると，こうした世界経済の拡大を背景に日本企業も輸出の増大を通じて生産の拡大を図ることができるようになった。この間，日本の企業はコスト削減努力により収益の改善を図り，2002年以降，景気拡大へとつながることになる。

　しかし，2006年以降，アメリカにおける住宅価格の低下が生じると，サブプライム・ローン問題が世界的な金融危機を引き起こすことになる。さらに，2008年9月に起こったリーマン・ショックをきっかけに世界同時不況が発生する[1]。日本もその影響を受け，2007年11月以降，景気後退局面に入り，2008年9月以降には急激な景気後退に見舞われるようになった。

　本章では，リーマン・ショック以降の日本経済の急激な景気後退の要因を分

析し，マクロ経済の視点から今後の景気回復と安定的な経済成長のために，家計の果たす役割が重要であることを示そうとするものである。

2．景気後退の要因分析

（1）GDP ギャップの拡大

　1990 年代後半から 2000 年にかけて，日本経済はデフレに陥り，失業率の悪化，消費者物価の下落を経験してきたが，2000 年に入り長期の低迷から脱し，景気拡大局面へと移っていくことになる。しかし，2007 年以降のサブプライム・ローン問題に端を発する金融危機とそれに続く世界経済の急激な景気悪化は，再び日本経済に大きな不況をもたらすことになった。日本経済の落ち込みがどれほど大きかったかは，図 5 − 1 にある実質経済成長率の動きが示すとおりである。また，図 5 − 2 にみられるように，消費者物価が下落し，経済がデフレに陥ることになる。

　今回のデフレの原因は，世界的な経済危機の影響で輸出が大きく落ち込んだ

図 5 − 1　実質経済成長率の動き

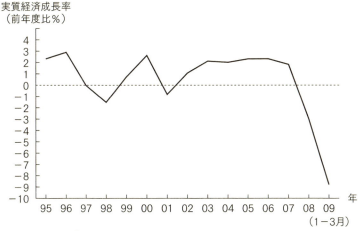

資料：内閣府『国民経済計算』平成 21 年より作成。

図5－2　消費者物価の動き

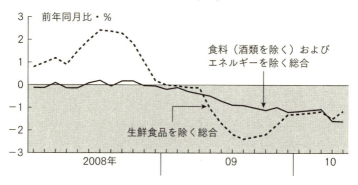

出所:「日本経済新聞」2010年6月25日。

ために，日本経済全体として大幅な需給ギャップを抱えることになったからである。図5－3には，ここ数年の日本のGDPギャップの動きが示されているが，これをみても，とくに2009年1－3月期のGDPギャップは過去に比べても大幅なマイナスとなっている。

このように大幅な需給ギャップが生じたのは，2000年以降，景気の回復を輸出の増大に頼ってきたためである。第1章でみたように，マクロ経済におけ

図5－3　GDPギャップの動き

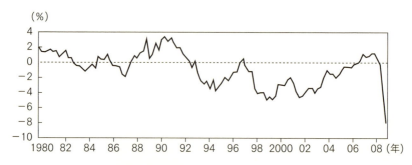

出所:『平成21年版　経済財政白書』。

る国民所得分析によれば，一国の GDP（国内総生産）の水準は，総需要の大きさに依存する。GDP を Y，総需要を D と表せば，もしマクロ経済において，

$Y > D$

となれば，需要不足により生産したものが売れ残るので，企業は生産を減少せざるをえない。その結果，GDP の水準は低い総需要に合わせるように低下することになる。他方，

$Y < D$

の場合には，生産した以上に売れるので，品不足が生じるために企業は生産を拡大することになる。そこで，GDP の水準は高い総需要に合わせるように上昇することになる。いずれのケースにおいても，有効需要の原理にしたがってGDP である Y は総需要 D の水準に応じて動くことになる。その結果，

$Y = D$

となる。つまり，総需要の大きさが一国の生産水準を決めると考えることができる。ここで，総需要の内容をみると，それは，消費 C，投資 I，政府支出 G，輸出 X－輸入 M，の 4 つの項目からなる。すなわち，

$Y = C + I + G + X - M$

である。

　これを日本経済の動きに対応させてみよう。図 5－4 に示されるように，実質 GDP の成長率と総需要の項目（C＋I＋G＋X－M）の寄与度をみると，2001 年から 2007 年まで，経済成長率に占める輸出の寄与度が大きいことがわかる。これは，その間日本経済が輸出に依存して成長を実現していたことを示している。その背景には，2000 年以降の世界経済の成長と円安による外需の増大がある。それにより，内需が増大しなくても景気の拡大が実現できたのである。しかし，この輸出依存型の経済成長は海外の景気動向に左右されやすい。それが現実のものとなったのが，2008 年 9 月のリーマン・ショック以降

図5－4 実質GDPの成長率と寄与度

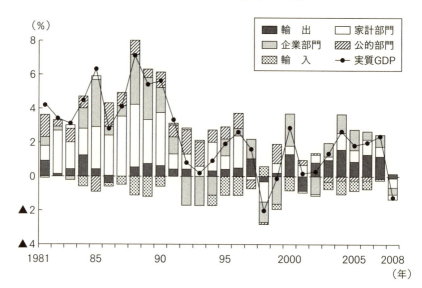

資料：内閣府『国民経済計算』。
出所：*Business & Economic Review,* Vol. 20, No. 6, 2010年6月号，日本総研，p.14。

の輸出激減による成長率の急激な低下である。

　輸出の減少による需給の悪化は，企業物価，企業向けサービス価格を低下させ，さらに消費者物価を低下させることになった。価格の低下は企業にとって減収・減益となるため，企業は収益確保のために経費や人件費を削減し，それが雇用の悪化，所得の減少を生み，さらに物価の下落をもたらす形でデフレを進行させることになった。

（2）需要構造の変化と寄与度

　リーマン・ショック後，世界経済は大きな不況に見舞われたが，当初，日本への影響はそれほど大きくないといわれていた。それはサブプライム・ローンにもとづく証券化商品を日本の金融機関が海外の金融機関ほど大量に購入していないからというものであった。しかし，結果からみると，日本経済への影響

はきわめて大きく，2009年1－3月期のGDPの成長率は－8.8％と大きな落ち込みを記録することになった。自動車産業をはじめとして多くの産業で生産減少に対応するための雇用調整が行なわれ，それが派遣切りとして社会問題，ひいては格差問題という形でクローズアップされることになった。

　このように大きな影響を受けることになったのは，世界的不況により輸出が急激に減少したためである。それは，2000年代に入って日本の経済成長が外需に大きく依存していたことと関係している。これは，1980年代はじめの世界同時不況のときと比較するとよくわかる。先の図5－4からもわかるように，1980年代半ばにおける経済成長率の寄与度をみると，家計部門を中心にして内需の寄与度が大きかった。このことは，世界的な不況による外需の落ち込みにもかかわらず，内需の安定的な拡大により成長率を維持することができたということを意味する。さらに，この間における輸出と輸入の動きをみると，1983年から84年にかけて輸出が増加しているが，84年には輸入も増えている。そこには，80年代前半の景気回復過程で，輸出の増加が内需の拡大を促し，それが輸入の増加をもたらすことにより，寄与度で見ると内需の寄与度拡大と外需の寄与度低下という現象になって表われたということである。

　これに対し，2000年以降は内需，とりわけ家計部門の寄与度がきわめて小さくなっており，それと対照的に外需の寄与度が大きくなっている。つまり，2000年代前半の景気拡大は1980年代と異なり，主に輸出によって支えられる一方，内需の支えを失っていたといえる。そのためにリーマン・ショックによる輸出減少が成長率を大きく低下させることになった。ここからいえることは，輸出依存型の経済成長は国際経済の変動に大きな影響を受けるということである。

　ただし，このことは輸出を減らせばよいということではない。先に示したマクロ経済のバランス式である，

$$Y = C + I + G + X - M$$

からもわかるように，外需はX－M，つまり輸出額から輸入額を差し引いたものであるから，たとえ輸出が大きかったとしても，輸入が増えれば経済成長

における外需の寄与度は大きくならない。そこで，経済成長の原動力として輸出の拡大があるとき，それが企業収益の拡大となり，所得の増加を通じて内需の拡大をもたらし，それが輸入の増加につながれば，外需の寄与度が低下するので，内需主導の成長が実現できる[2]。そこには，景気回復から経済成長へとつながる次のようなプロセスが想定できる。

世界経済の成長　→　輸出増加　→　企業収益増加　→　家計の所得増加　→　消費需要増加　→　国内生産拡大　→　輸入増加

3．消費需要低迷の要因分析

　国民生活の安定のためには景気の安定が必要であるが，そのためには，前項で示したような経済成長のプロセスが実現する必要がある。これを現実経済の活動に関連させてみると，1980年代後半の景気の回復局面でみられたように，企業部門の業績回復が家計の所得を増加させ，それが需要増加を生み，さらに生産拡大につながるということである。

　しかし，先の図5－4における家計部門の寄与度の低下にみられるように，2002年から2007年の景気拡大局面においては，家計部門の所得は増加せず，その結果として家計は景気を支える力を持ちえなかった。この間の景気拡大は，戦後最長を記録するといわれながら，「実感なき成長」という言葉に象徴されるように，家計が成長の成果を十分に受け取ることのできないものであった。

　企業の業績回復が現実のものとなっても，それが家計の所得増加に結びつかず，消費需要が堅調でなかったのはなぜであろうか。そこには，「企業の業績回復から家計の所得増加」への経路と「家計の所得増加から消費需要の増加」への経路の2箇所が分断されていたためと考えられる。これが生じる要因として次の3つが考えられる。

（1）雇用形態の変化

今回の景気回復局面において家計と企業の間に生じている従来にない変化の1つは，非正規雇用の増加にみられる雇用形態の変化である。平成21年度版『経済財政白書』によれば，わが国の労働市場において企業に雇われている雇用者は2009年においては5,086万人であるが，そのうち約3分の1にあたる1,699万人が非正規雇用者となっている。しかも，図5－5に示されるように，2000年以降，非正規雇用者数は上昇傾向にある。

こうした変化の背景には，長引く低成長経済と低価格競争という国際経済環境の中で，企業が人件費の削減により収益を確保する動きを強める状況があ

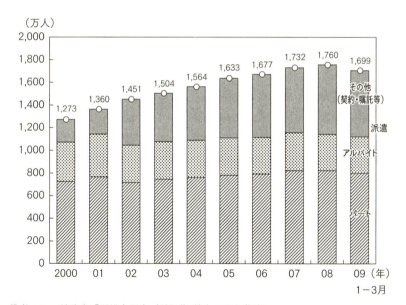

図5－5　非正規雇用者数

備考：1．総務省「労働力調査（詳細集計）」により作成。
　　　2．平成13年（2001）以前は「労働力調査特別調査」，平成14年（2002）以降は「労働力調査詳細集計」により作成。なお，「労働力調査特別調査」と「労働力調査詳細集計」とでは，調査方法，調査月などが相違することから，接続しないことに注意を要する。
出所：平成21年版『経済財政白書』。

る。それが正社員のリストラと雇用の非正規化を生んでいるといえる。また，2000年に行われた派遣労働法の改正も非正規雇用の増加を促進する作用をもったといえる。なお，図5－5で，2009年に非正規雇用者の減少がみられるが，それはリーマン・ショックによる急速な景気悪化に対して，非正規雇用者が雇用調整の対象になったためである。

　本来，企業の業績回復は雇用の増加を生み，それが所得の増加，消費の増加につながると期待されるが，今日における雇用形態の変化はむしろ雇用の不安定化を増すことになり，結果として消費需要を不安定化させることになる。

　消費需要の安定的な増加に支えられた持続的な成長を実現するためには，雇用の正規・非正規に関わらず生産性に見合った賃金を支払うことが必要であるとの考え方がある[3]。そのためには，「同一価値労働・同一賃金」を実現する必要があろう。相対的に増加傾向にある非正規雇用者の賃金はかなり低い水準にとどまっており，これが家計への労働分配率を低め，ひいては消費需要の低迷をもたらしているのである。必要なのは，家計所得の底上げである。

　最低賃金を含め，賃金を全般的に引き上げることは，低成長分野から成長が見込める分野への転換を促進するという点からも意味がある。最低賃金の引き上げはより高い賃金を前提とした産業構造への転換を必要とする。このことは，低収益の事業分野から撤退して高収益分野に資力を移す圧力となる。これは事業の選択と集中を促進する効果をもつことになる。この賃金引上げは家計の購買力を高めることになるので，成長産業にとっても有利に作用すると思われる。この面からも，労働環境の改善を通じた家計重視の政策が内需主導型の成長を実現するために重要である。

（2）家計所得の2極化

　景気回復過程においては，企業の収益増加が生産の増加をもたらし，それが所得増加を通じて内需増加を生み出すなら，それがさらに生産を増加させるというプロセスにより経済成長の実現へとつながっていくことになる。しかし，現代の日本経済における家計と企業の関係をみると，企業収益の回復が必ずしも家計所得の増加に結びついていない。しかも，いくつかの理由により家計間

の所得格差が生み出されている。

　先に述べたように，2000年以降，雇用形態が正規雇用と非正規雇用に二分化される傾向がある。図5－6にみられるように，雇用形態の違いにより，賃金の伸びに大きな差が出ており，これが平均年収の格差を生み出していると考えられる。また，これを所得階層別の視点からみてみても，格差ははっきりしている。所得階層は最も所得が少ない順に20％刻みで第1分位から第5分位の5つの階層に分けられる。所得の最上位の20％が第5分位である。高所得層である第5分位と中間層である第3分位の比と，中間層の第3分位と低所得

図5－6　雇用形態と所得格差

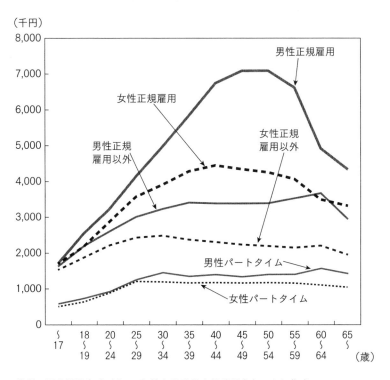

備考：厚生労働省「平成19年賃金構造基本統計調査」により作成。
出所：平成21年版『経済財政白書』。

層である第1分位の比を取り，年間収入の変化を示したのが図5－7である。

この図5－7から，2000年以降の年間収入の動きをみると，2002年から2007年の景気拡大局面において高所得層の割合を示す曲線が上昇を示している。これは企業収益の増加に応じて高所得層の収入が増加しているということである。しかし，低所得層にはその傾向がみられない。ここにも，家計所得の2極化が生じている。

こうした家計所得の2極化の要因として雇用形態の変化のほかに指摘しておくべきことは，今回の景気拡張局面で大企業を中心として高収益の多くが株主への配当と役員報酬の増加に当てられ，従業員の賃金引上げに回らなかったということである。この事実を指摘したのは，ドナルド・ドーアである。ドーアは，『誰のための会社にするか』[4]において，円高不況から回復した1980年から1989年においては，大企業は安定配当政策にもとづいてほとんど配当額を増やさず，その代わりに従業員の賃金を引き上げた。それによって所得増大による消費増加が生じ，回復テンポが加速化されたと述べている。しかし，2001

図5－7　所得階層による所得格差

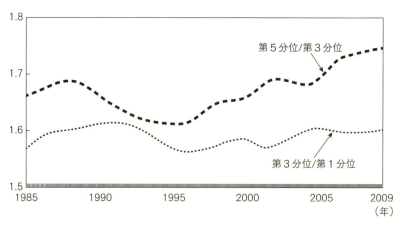

備考：総務相「家計調査」により作成。2人以上の世帯のうち勤労者世帯経常収入の平均値。年間収入五分位別。
出所：平成21年版『経済財政白書』。

年から 2004 年の回復期には，大企業の役員報酬と配当が大きく伸びたのに対して，従業員の給与は減少したのである[5]。高所得層ほど株式保有の割合が高く，資産からの収入が多いために，ここにも所得格差が生じる[6]。

　本来，経済成長は，有効需要の原理にしたがって，需要増加 → 生産増加 → 所得増加 → 需要増加 → 生産拡大，というメカニズムが円滑に働いてはじめて持続する。ここでみた非正規雇用の増加および大企業の役員・株主に偏った利益配分は，家計所得の 2 極化をもたらすが，それはまさに「企業の業績回復から家計の所得増加」のプロセスを分断するものである。安定的な成長を維持するためには内需の拡大が必要であり，そのためにも家計が重視される必要がある。

（3）将来不安の問題

　生産の成果が家計に分配されることが消費需要の増大につながるが，家計所得の増加は無条件で消費需要の増加をもたらすわけではない。もし，将来が不安である場合には，家計は将来に備えて貯蓄を増やす可能性があるので，必ずしも消費を増やすとは限らない。

　現代における家計の経済的不安としては，第一に雇用不安と所得不安があり，第二に医療保険や公的年金の将来が不透明なことがあげられる。雇用不安や所得低迷は，内需が伸びず，国内経済が低迷する結果でもある。その意味で，雇用・所得と消費需要はお互いに作用し合っているといえる。そこで，この悪循環を断ち切るためは信頼できる社会制度の再構築が必要である。

　さらに，人々の不安を払拭し，消費意欲の回復につながるような，医療・介護・保育・年金といった分野を充実させる政策が必要である。医療・介護・保育は成長戦略からみても重要である。現在，国民の高度医療サービスに対するニーズは大きい。高齢化に伴う介護サービスの必要は言ういうまでもないことである。また，少子化対策と女性の社会進出を支えるための保育サービスに対するニーズも高まっている。今日では，社会の変化に適応するための職業教育の必要性も高まっている。こうした分野はいずれも公共性の高いものであるために，財政支援とともに，制度改革を通じて施設の拡充といった供給サイドの

充実を図ることが望まれている。このような分野で多様なサービスが充実し，利用者の選択の自由度が高まれば，国民生活の安心の向上につながり，将来不安の解消による消費性向の上昇も期待できる。

4．消費性向のマクロ経済分析

所得増加と消費増加の関係を検討する場合に，現代の日本経済においては社会の不安要因を取り除くことが重要であるが，マクロ経済の面から人々の消費性向を左右する基本的な要因を確認しておくことも必要である。

マクロ経済学の体系において，消費需要を最も重視したのはケインズである。ケインズは，『雇用・利子および貨幣の一般理論』において，一国の国民所得 Y の水準は有効需要の大きさによって決定されるとした。この有効需要を形成する最も重要な要因が消費 C と投資 I である。すなわち，この関係は，

$$Y = C + I$$

と表すことができる。これは，前節で示した，（Y＝C＋I＋G＋X－M）の式から G と X－M の項目を捨象したものであり，本質的には同じものである。ここで，ケインズは，消費については国民所得の大きさと消費性向によって決まるとしている。このうち，消費性向についてはそれが乗数効果を決める役割を果たすという点で重要な役割をもっているが，消費性向そのものについては，所得と消費の間にかなり安定的な関係がみられると述べている[7]。ただし，『一般理論』「第 10 章　限界消費性向と乗数」の三節において，限界消費性向が変化する要因があることを指摘している。その中で，限界消費性向が低下する要因として次の点をあげている。

「限界消費性向は雇用のあらゆる水準において不変ではなく，普通は雇用が増加するにつれて減少する傾向がある。すなわち，実質所得が増加するにつれて，そのうち社会が消費しようとする割合は漸次減少していくであろう。」（『一般理論』邦訳，119頁）

つまり，所得が大きいほど限界消費性向が低下するために，所得がふえても消費に回る割合は少なくなるということである。これは，家計所得が2極化するなかで，高所得階層への所得分配が増えるにしたがって，消費に回る割合が小さくなることを意味するということである。同様に，企業家に分配される割合が増える場合も，限界消費性向が低下する傾向があることを指摘している。すなわち，

> 「雇用の増加は，・・・・総所得のうち企業者に帰属する部分を増大させる傾向があり，彼らの個人的な限界消費性向はおそらく社会全体の平均より低い」（『一般理論』邦訳，119頁）

現代における消費需要低迷の要因は，雇用・所得の不安定といった将来の問題とともに，所得分配の中にもその要因があることに注意する必要がある。いずれにしても，さまざまな要因によって，「家計の所得増加から消費需要の増加」に至るルートが分断されているということである。

結果として，先に示した景気回復から経済成長にいたるプロセスの中で，家計部門を中心とする内需拡大にいたる経路が，以下に示すように大きな制約を受けているといえる。

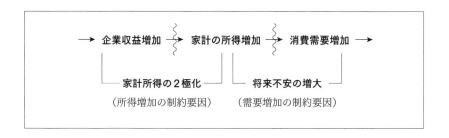

5．マクロ・バランスと貯蓄動向

すでに述べたように，2008 年 9 月以降の不況により 1990 年代後半に生じた
デフレが再燃している。これに対し，政府の経済対策として，企業の資金繰り
支援や雇用助成金の拡充，さらには子ども手当てをはじめとする家計への援助
が行なわれている。いずれにしても，不況下の雇用対策や社会福祉の経費を賄
うために財政支出は拡大せざるをえない。その結果として，財政赤字が拡大し
ていく。

こうした財政赤字拡大が続く一方で，経常収支の黒字傾向も続いているが，
マクロ経済における IS バランス論からみると，財政収支のアンバランスと経
常収支のアンバランスが生じているときには，貯蓄・投資バランスの側にもア
ンバランスが生じているはずである。ここから，貯蓄動向の要因を推察するこ
とができる。

マクロ経済学の基礎として GDP（国内総生産）の大きさを推計するときに確
認するのが三面等価の原則である。この原則に従うと，GDP は生産・分配・
支出の 3 つの面のいずれから見ても総額は等しくなる。ここで，これまでと同
様に生産面からみた GDP を Y で表し，分配面からみた GDP を消費 C と貯蓄
S と税金 T の 3 つに分けると，

$$Y = C + S + T \cdots\cdots\cdots (1)$$

となる。GDP を支出面からみると，消費 C，投資 I，政府支出 G，輸出 X −
輸入 M の 4 つに分けられるので，三面等価の原則にしたがって，

$$Y = C + S + T = C + I + G + X - M \cdots\cdots\cdots (2)$$

となる。この (2) 式を貯蓄・投資のバランス式の形に変形すると次のように
なる。

$$S - I = (G - T) + (X - M) \cdots\cdots\cdots (3)$$

この（3）式において，右辺は貯蓄・投資のバランスを示している。左辺のうち，G－Tは財政収支を示し，X－Mは経常収支を表している。この3者のバランス関係から，貯蓄・投資のバランスは財政収支と経常収支の和になる。したがって，右辺が貯蓄超過（S＞I）の場合には，財政赤字（G＞T）と経常収支黒字（X＞M）が対応することになる。

　これをわが国の現状に対応させてみると，そこから家計と企業の両者を含む民間部門の貯蓄の動向を理解することができる。日本経済の現状をみると，財政赤字が拡大（G＞T）していることは周知の事実である。また，経常収支も黒字傾向にある（X＞M）。したがって，（3）式から，貯蓄・投資バランスは貯蓄超過（S＞I）になっていなければならない。しかしながら，高齢社会を反映して，家計の貯蓄は低下傾向にある[8]。したがって，家計貯蓄が減少する中で貯蓄超過が生じているとすれば，民間投資がそれ以上に減少したということである。

　しかし，投資はそれほど極端には減少していない。そこで考えられるもう一つの要因は企業の貯蓄増加である。図5－8には1996年から2006年までの家計部門と企業部門の貯蓄の動向が示されている。ここから，2000年以降，家計と企業の貯蓄の動きが正反対になっていることがわかる。

図5－8　民間部門の貯蓄額（GDP比）

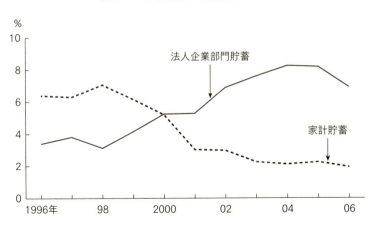

出所：「日本経済新聞」2008年11月24日「経済教室」。

とくに，企業の行動に注目すると，1990年代後半から過剰債務を解消するために銀行への資金返済を継続している。2002年以降の景気拡大局面においても，増大する企業収益を過去の借金返済に充てる行動をとっており，家計との関係でみると，本来資金の借り手である企業部門が，通常は資金の貸し手である家計以上に資金余剰，つまり貯蓄を計上しているということである。このことは，景気拡大にともなう企業収益増加の割に民間投資が増えないことを裏づけるものである。ここには，いわゆる「バランス・シート不況」といわれる現象がみられる。

なお，家計の貯蓄率の低下傾向は今後も続くとみられるために，長期的には財政赤字が減らない限り経常収支の黒字が減らざるをえない。また，家計の貯蓄率の低下により財政赤字を賄うための国債の市中消化が円滑に進まないという事態を生む可能性もある[9]。そうした事態に備えるためにも財政の健全化が必要となる。財政再建を進める上で根本的な解決策は安定的な経済成長による税収増加である。

6. 産業構造の転換と経済成長

わが国において，当面するデフレを克服し経済を再び安定的な成長軌道に乗せるためには，人，物，金といった経済資源を既存の分野から新たな成長分野に円滑にシフトさせる必要がある。つまり，低成長分野から新たな成長が期待できる分野への産業構造の転換が必要である。吉川が指摘するように，「既存の財・サービスの需要は必ず飽和し，新しい財・サービスの誕生が新たな成長を指導するわけだから，・・・・・日本経済が成長するためには需要の伸びの大きい新しいセクターに資源がシフトしていかなければならない」[10] その場合に注意しておくべきことは，わが国の産業も世界的な競争の中で活動しているということである。そこで注目すべきは，中国をはじめとする新興国の発展である。いわゆるBRICsに代表される新興国の成長は著しく，リーマン・ショックによる世界同時不況の以降も高成長を維持しており，中長期的にも高成長を持続する見通しである。その特徴は，何といっても低コストによる価格

競争にある。わが国の産業もすでにこの低コスト競争に巻き込まれ，企業は生き残りを掛けてリストラによるコスト低下を通じて収益の回復を図っている。

しかし，日本を含めて先進国が国民生活の向上につながる経済成長を達成するためには，コスト競争以外で新興国との競争に打ち勝つことのできる分野で新たな市場や産業を創造していく必要がある。その1つは，アメリカのオバマ大統領が掲げるグリーン・ニューディール政策が示唆するように，化石燃料に代わる低炭素エネルギーの開発とそれを利用する産業の発展であろう。世界経済はエネルギー制約が強まる中で代替エネルギーの開発とともに，環境問題の対応に迫られている。

従来，環境と経済成長はトレード・オフの関係にあり，環境を重視するためには経済成長を抑制せざるをえないと考えられてきた。しかし，石油のような化石燃料を中心としたこれまでの経済システムと異なり，太陽光発電や電気自動車の利用は，新製品の開発としての需要増大が見込めるとともに，二酸化炭素の削減で環境保全にも役立つと考えられる。つまり，いわゆるグリーン・エネルギーの開発は，それが新たな市場を創り出し，経済成長を促進するとともに，環境にやさしく，しかも資源制約の問題も解決可能である。こうした動きは世界的な広がりをみせているが，日本はかつて公害問題を克服する過程で革新的な省エネ技術を開発しており，今後も環境技術の面で世界的に優位に立つことにより競争を有利に導くことが可能である[11]。

7. 結びに代えて─内需と外需のバランス─

日本経済は当面するデフレ経済からの脱却を通じて，雇用問題の解決，財政再建，さらには環境・エネルギー制約への対応が要請されている。こうした問題を解決しながら，国民経済の安定を図っていくためには，景気の安定と持続的な経済成長が必要である。

安定的な経済成長を実現していくためには，需要面と供給面のバランスのとれた発展が必要である。需要面については，アジアを中心として拡大を続ける新興国の需要を国内生産に結び付ける必要があろう。これには民間企業の積極

的な活動だけでなく，政府主導による競争条件の整備が求められる。近年の新興国の発展をみれば，わが国においても輸出を成長のエンジンにすることが重要である。

　次に，この海外需要の取り込みによって得られると期待される企業収益を家計部門に配分するシステムの構築が求められる。経済活動において家計が果たす役割は多方面に及んでいるが，これまで述べてきたように，とくに景気の安定にとって消費需要の安定化はきわめて重要である。

　供給面については，成長産業分野への産業構造の転換が必要である。今日，新興国の急速な発展にともない，既存産業の多くが厳しい追い上げに直面するとともに，価格競争に巻き込まれ，低価格競争を生き抜くために人件費の削減を余儀なくされている。人件費削減に支えられた低価格戦略は，結果として企業の体力を消耗させるだけでなく，家計の生活を不安定にさせ，ひいては内需の停滞を招くことになる。

　こうした状況を打開する1つの方向として，環境・エネルギー関連産業といった新興国より高い技術水準を有する分野の発展が期待されている。さらに，新世代3K産業といわれる環境保全産業・ケア関連産業・観光関連産業の発展も新たな成長要因となろう。このような分野の発展のためには，成長を見込める産業への経済資源の移行がスムーズに行われる必要がある。

　いずれにしても，経済成長を経済社会の安定に結びつけていくためには，内需と外需のバランスが必要であり[12]，そのためにも家計重視の経済運営が求められるといえる。橘木が指摘するように，「家計の経済行動は需要と供給の双方に影響を与えるので，一国経済に占める家計経済の大きさを考慮すれば，家計の経済動向はその国のマクロ経済の動向を制するほどの重要性がある。家計の行動を分析することの価値の一つがここにある」[13]のである。

【注】

1）アメリカのサブプライム・ローン問題とそれにもとづく世界経済の急激な不況の進行については，浜矩子が『グローバル恐慌』（岩波新書）において適切に解説している。

第5章 消費低迷の要因分析 | 81

2）輸出の増加が外需主導の成長になるのではないということについては，小峰隆夫「世界の中の日本の成長戦略」『世界経済評論』2010年3・4月号，29頁，参照。

3）橘木俊詔『格差社会』岩波新書，2006年，参照。橘木はこの本の中で，雇用格差是正のひとつの方策として，同一労働・同一賃金制度の導入を提案している。

4）ロナルド・ドーア『誰のための会社にするか』岩波新書，2006年，151－152頁，参照。

5）伊東光晴は，『世界』において，ドーアの『誰のための会社にするか』に関連して，ドーアが分析した2001年から2004年までの配当・役員報酬の動きについて，それを1年延長し，2005年までの動きを検証している。その結果は，株主への配当がより大きく増加しているということである。さらに，伊東はこの論文において，配当や役員報酬が増大した要因を非正規社員の大量利用に求めている。伊東光晴「二一世紀，日本の大企業のビヘイビアは変わったのか」『世界』岩波書店，2007年8月号，182－195頁，参照。

6）企業が家計に支払う賃金は，それが国内需要となって企業の販路を支える源泉になると考えられるが，グローバル時代にあっては，企業は海外に販路を求めることができるので，必ずしも国内需要を必要としないことを指摘したのは中谷巌である。中谷は，グローバル資本主義においては，労働者と消費者が同一人物である必要はないために，投資家や高所得階層の消費者は経済成長の恩恵を受けることができるが，労働者と市民はその外におかれることになることを指摘している。中谷巌『資本主義はなぜ自壊したのか』集英社インターナショナル，2008年，91－95頁参照。

7）J. M. Keynes, *The General Theory of Employment, Interest and Money*, Macmillan, London, 1936.

　　塩野谷祐一訳『雇用・利子および貨幣の一般理論』ケインズ全集第7巻，東洋経済新報社，1983年，第8章，96頁参照。

8）近年における家計の貯蓄率の低下傾向の分析については，関谷喜三郎・関川靖編著『金融と消費者』慶応義塾大学出版会，2010年，第4章「消費者と貯蓄」（高木聖著）を参照。

9）日本の国債市場の現状については，「週刊 エコノミスト」2010年6月29日特大号における「国債暴落の"ウソ"」を参照。

10）吉川洋『構造改革と日本経済』岩波書店，2003年，95頁。

11）環境分野の潜在的な需要を掘り起こし，顕在化させることによって人口減少時代における日本経済発展が可能であると主張し，そのシナリオを示しているのが，三橋規宏『グリーン・リカバリー』日本経済新聞社，2009年である。

12）外需を内需に結び付けて，それをもとに名目3％の経済成長のための成長戦略を示しているのが，山田久「輸出牽引型内需拡大に向けた新しい成長戦略」Business & Economic Review Vol.20, No.6　2010年6月号，日本総研，である。

13）橘木俊詔『家計からみる日本経済』岩波新書，2004年，11頁。

第6章 非正規雇用と低賃金

1. はじめに

　「格差社会」,「ワーキング・プア」という言葉に代表されるように,近年,格差の拡大が社会的に問題になっている。格差社会の問題はさまざまな側面から考察する必要があるが,本章では経済的な問題に焦点を当てる。経済における格差をみる場合には,その指標として所得格差,資産格差,消費格差[1],などを取り上げることができるが,ここでは所得格差の問題を取り上げ,その要因として非正規雇用の問題に焦点を当て,格差が拡大する実態とそれをもたらす非正規雇用の現状および問題点について考察する。

2. 所得格差の現状

　まず,家計における所得格差の動きをみるために,平成23年版『労働経済白書』および平成21年版『経済財政白書』にもとづいてジニ係数をみてみる。ジニ係数は0と1の間をとり,1に近い数値ほど格差が大きいことを意味する。図6-1の「男女年齢階級別ジニ係数の推移」をみると,1982年から2007年かけてどの階層においてもジニ係数が増加していることがわかる。とくに,2002年以降,若者の所得格差が拡大しており,また年齢が高くなるほどジニ係数が大きくなっていることがわかる。

図6-1 男女年齢階級別ジニ係数の推移

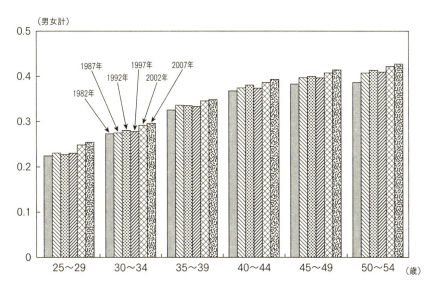

備考：総務省統計局「就業構造基本調査」をもとに厚生労働省労働政策担当参事官室にて推計。
出所：平成23年版『労働経済白書』厚生労働省，249頁。

　図6-2の「各種統計による家計の所得格差（ジニ係数）の推移」においても，税・社会保障による再分配が行われる前の所得（当初所得）にもとづく所得再分配調査だけでなく，再分配所得にもとづく所得再分配調査および国民生活基礎調査，全国消費実態調査においてもジニ係数は増加を示しており，所得格差の拡大が裏付けられている。

　なお，図6-1に示されるように，年齢が高くなるほど格差が拡大することに関して，年齢内所得格差が拡大し始めるのは中年以降であるために，これは高齢化がもたらす見かけ上の格差がであるという見方もあるが[2]，その点を考慮したとしても，近年における雇用形態の変化に注目すると，所得格差の拡大は実体を反映したものであるといわざるをえない。

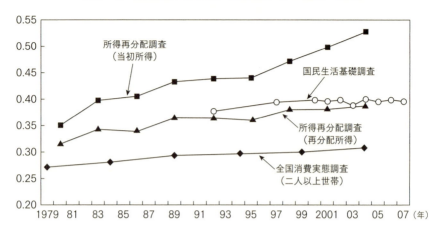

図6-2 各種統計による家計の所得格差（ジニ係数）の推移

備考：1．総務省「全国消費実態調査」，厚生労働省「所得再分配調査」，「国民生活基礎調査」により作成。
出所：平成21年版『経済財政白書』内閣府，230頁。

3．失業率および非正規雇用の現状

　先にみたように，近年のジニ係数の動きをみると所得格差は拡大の傾向を示している。この所得格差をもたらす要因として，失業率の高止まりと非正規雇用の増大をあげることができる。

（1）完全失業率の推移

　図6-3には「年齢階級別完全失業率の推移」が示されている。ここからわかるように，年齢計で示される全体としての完全失業率は1990年のバブル崩壊後，上昇傾向にあり，2002年には過去最高の5.4%を記録し，それ以降も高止まりを続けている。さらに，年齢階級別の動きに注目すると，15歳〜24歳の年齢層が高い失業率を示しており，2003年には失業率が10%を超えている。このことは，高校・大学を含めて新規学卒者が正規雇用として採用される機会が小さくなっていることを意味している。ただし，2002年2月から2007年11

第6章 非正規雇用と低賃金 | 85

図6－3 年齢階級別完全失業率の推移

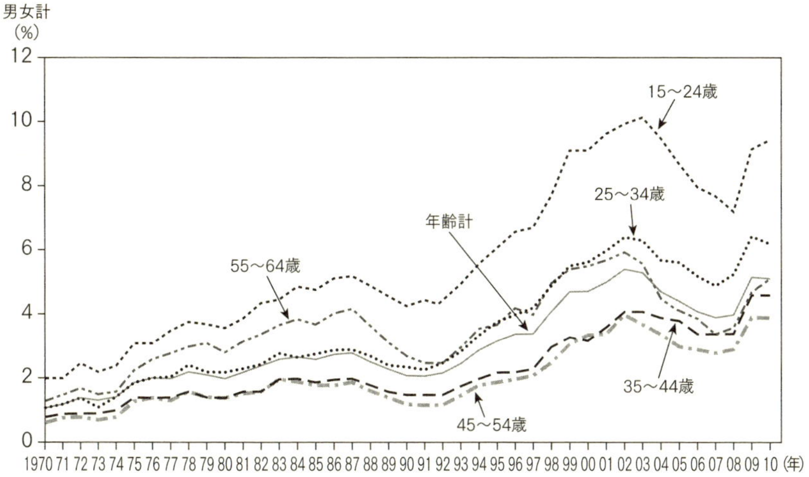

資料出所：総務省統計局「労働力調査」。

（注）1972年までは沖縄県を含まない。

出所：平成23年版『労働経済白書』厚生労働省，103頁。

月にかけての戦後最長といわれる景気拡大局面においては，若年層の完全失業率も低下しているが，2008年9月に発生したリーマン・ショック以降は再び上昇している（図6－3）。

（2）非正規雇用の実態

　失業率の上昇とともに，非正規雇用の形で働く労働者も増えている。図6－4における総務省の労働力調査にもとづく非正規雇用者の比率をみると，年齢計のグラフが示すように，1990年代以降全体として非正規雇用者が増加しており，その中でも15歳～24歳の比率が大きく上昇している。しかも，ここで注目すべきは，2002年から始まる長期の景気拡大局面において若者の非正規雇用が増加していることである。つまり，完全失業率が低下する局面で，雇用増加の多くが非正規雇用で賄われたということである。

　さらに，非正規雇用の内容をみてみると，図6－5に示されるように，派

図6-4 年齢階層別非正規雇用比率の推移

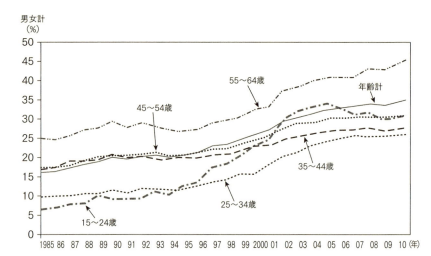

資料出所:総務省統計局「労働力調査特別調査(2月調査)」「労働力調査(詳細集計)」。
(注) 1) 2001年までは各年2月の値で,2002年以降は年平均値。
    2) 15歳〜24歳は在学中を除く。
出所:平成23年版『労働経済白書』厚生労働省,105頁。

遣,契約,嘱託の形態での雇用が増えている。非正規雇用の中でもパートやアルバイトは女性が多いが,派遣,契約,嘱託での雇用には男性も多く含まれている。このことは,家計の担い手が非正規の雇用につかざるをない状況にあることを示すものである。

なお,図6-5において,2008年をピークにして2009年には非正規雇用が減少しているが,これは,リーマン・ショックによる雇用調整が「派遣切り」という形で非正規雇用を減少させたということである。

図6-5 雇用形態別の非正規雇用者数

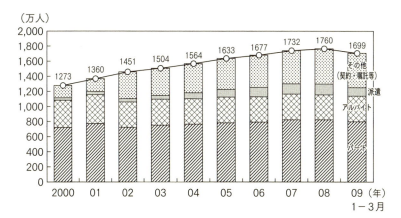

備考：1．総務省「労働力調査（詳細集計）」により作成。
2．平成13（2001）年以前は「労働力調査特別調査」、平成14（2002）年以降は「労働力調査詳細集計」により作成。なお、「労働力調査特別調査」と「労働力調査詳細集計」とでは、調査方法、調査月などが相違することから、接続しないことに注意を要する。

出所：平成21年版『経済財政白書』内閣府、200頁。

（3）非正規雇用の特徴

　図6-4および図6-5から、非正規雇用者の増加がわかるが、所得格差との関連で非正規雇用の問題をみてみると、次のような特徴が指摘できる。

　第一に、正規雇用者に比べて賃金水準が低く、しかも正規雇用にみられるような、年齢とともに上昇する賃金カーブがみられないということである（図6-6）。正規雇用者の場合には、年功序列型の賃金構造が当てはまるために、年齢が上がるにしたがって賃金も安定的に上昇していく。その結果、図6-6にあるような上に凸型をした賃金上昇カーブが描かれる。しかし、非正規雇用者の場合には雇用期間が定められており、しかも短期間であるために年功序列型賃金構造が当てはまらず、賃金は低い水準で硬直化する傾向がある。そのために賃金カーブがフラットの形状を示すことになる。年齢が上がっても時間当たり賃金の上昇がみられない結果として、正規雇用者と非正規雇用者の間で生涯

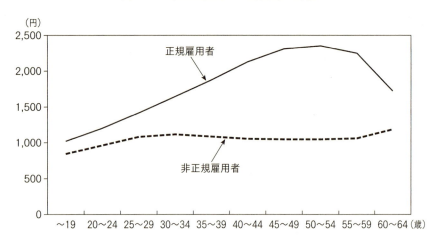

図6-6 雇用形態別にみた時間当たり賃金

資料出所：厚生労働省「賃金構造基本統計調査」（2010年）をもとに厚生労働省労働政策担当参事官室にて推計。
（注）1）正規労働者は一般労働者の正社員・正職員，非正規雇用者は一般労働者の正社員・正職員以外及び短時間労働者の正社員・正職員以外とした。
2）時間当たり賃金については，一般労働者では所定内給与額を所定内実労働時間数で除したものを，短時間労働者では1時間当たり所定内給与額を用いた。
出所：平成23年版『労働経済白書』内閣府，244頁。

所得に大きな差が出ることになる。

　第二に，非正規雇用者は失業率が高いだけでなく，雇用が不安定であるということである。図6-7における正社員と派遣社員の失業率の動きをみてもわかるように，正規雇用者の失業率が安定しているのに対して，非正規雇用者の失業率は短期間に大きく変動している。非正規雇用者は派遣契約の期間が決められているだけに，契約切れとともに職を失う可能性がある。景気拡大局面では労働需要が増大するために契約の継続ないしは次の職探しが容易であるが，景気後退局面では失業率が上昇することになる。これは，企業が景気変動に対応して費用および生産量を調整しようとする場合に，その調整が非正規雇用の増減を通じて行われることを示している。

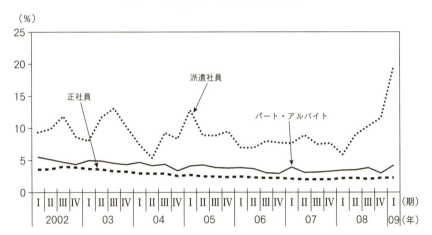

図6−7 従業上の地位別失業率の推移

備考：1．総務省「労働力調査（詳細集計）」により作成。
　　　2．地位別失業割合＝前職の地位別失業者÷（前職の地位別失業者数＋地位別雇用者数）により計算。
出所：平成21年版『経済財政白書』内閣府，205頁。

4．非正規雇用増加の要因

次に，非正規雇用の増加をもたらす要因を，企業，制度および労働者の3つの面からみていく。

（1）企業の要因

企業が非正規の形で雇用する理由の第一は，正規雇用者に比べて賃金が低いために，人件費を抑制できるからである。とくに，デフレのもとで低価格競争に巻き込まれている企業にとって賃金抑制は経費節約の手段となっている。

第二は，企業が必要とする労働の2極化である。産業構造の転換およびIT革命による事務作業のコンピュータ化により，専門的・創造的労働者とマニュアル通りに働く単純労働者の両方が必要となっているが，前者は正規の社員と

して自社で育て，中核的正社員として長期雇用し，後者はコストの安い非正規の派遣，契約，アルバイト等で賄うということである[3]。

第三は，非正規雇用者に対しては，一定の契約期間を定めることがきるために，景気後退期に契約を更新しないことで人員の削減を行うことができるということである。2008年のリーマン・ショックの時に問題となった派遣切りがその例であり，図6－7の派遣社員の失業率の変動にみられるように，雇用調整の手段として非正規雇用が使われたのである。

以上の企業側からみた3つの要因からわかることは，1990年代半ば以降，企業は長期不況の中でリストラと新規採用抑制を通じて正規雇用者を絞り込む一方で，非正規雇用者の増加を推し進めてきたのである。

（2）労働市場の規制緩和

こうした動きを制度面からみると，派遣労働の原則自由化を認めた1999年の労働者派遣法の改正が非正規雇用増加の1つのきっかけになったと考えられる。労働者派遣事業は1985年の労働者派遣法の制定によって合法化されたが，派遣対象業務は専門性の高い業種に限定されていた。それが1999年の改正で一部の業務を除いて原則自由化された。さらに，2004年の改正で製造業への派遣も自由化された。これにより正規雇用から派遣社員への代替が進み，非正規雇用者が増加する一因になったとみられる[4]。

（3）労働者側の要因

非正規雇用の増加を考察する場合には，労働者自身の就業意識の変化も考察する必要がある。とくに現代の若者の中には，組織に束縛される働き方を嫌い，文字通りフリーターとして必要なときだけ働きたいという人がいる。また，自分に合った仕事が見つかるまでフリーター生活を続ける場合もあろう。ただし，フリーターという就業形態をとる非正規雇用者の多くは本人の選択というよりも，それしか職がなかったというのが現実である。

第6章　非正規雇用と低賃金 ｜ 91

5．若年労働者の雇用問題

（1）失業率の増加

　ここで，あらためて若年層の失業および非正規雇用についてみておきたい。
ここでの問題の1つは失業率の増加である。すでにみたように（図6-3），若
年層，とくに15歳〜24歳の完全失業率は1990年代半ば以降上昇し，2000年
代初頭には10％を超えている。その後2002年以降の景気拡大期には低下傾向
にあったが，2008年のリーマン・ショック以降再び10％近い上昇をみせている。

　若年労働者の失業率上昇は，企業による新規採用の抑制と表裏の関係にあ
る。1990年代におけるバブル崩壊にもとづく長期停滞は，経済成長率を90年
代を通じて平均1％という極めて低い水準に留めることになった。これにグ
ローバル化による世界的な低価格競争が加わりデフレ圧力のもとで企業の成長
期待は失われることになる。将来の成長が期待できない限り，企業にとっては
採用抑制によりコスト削減を選択し，利潤を確保した方が合理的と考えられる
ということである。

　若年労働者の失業率増加に関して考えられるもう1つの要因は，自発的な選
択の結果としての離職率の高さである。若者の一部は入社数年で自発的に離職
する[5]。これは，雇用のミスマッチを解消するためのいわば適職探しによる自
発的な失業である。一般に，若者はよりよい条件を求めて新たな職を捜すこと
が比較的容易であるとの見通しのもとに失業を選択する。しかも，新卒者はも
ともと賃金が低いために，転職によって同様な賃金水準を確保することが容易
であるために，離職による機会費用も小さい[6]。

　しかし，すでに述べたように，適職探しが必ずしも思うような条件で実現す
るわけではない。

（2）非正規雇用の問題

　若者が正規雇用に就く割合が低下する一方で，非正規雇用の形態で働かざる
を得ない若者が増えている（図6-4）が，そこにはざまざまな問題がある。

非正規雇用の問題の第一は，賃金格差である。図6－6にも示されたように，非正規雇用者の時間当たり賃金は正規雇用者に比べて低く，その結果として生涯賃金に大きな差を生み出している。これは非正規雇用者にとって生活設計ができないという面で大きな問題となっている。少子化の要因としての若年層の晩婚化，非婚化や年金未納問題も低賃金と無関係ではない。しかも，低賃金にもかかわらず仕事の厳しさや顧客への責任ある対応という面では正社員と変わらない場合もあり，労働環境もよいとはいえない。

第二は，労働の質の劣化である。労働は経済活動を支える重要な生産要素であるために質・量の両面において充実することが望まれるが，現代は，その両面において問題が生じている。量については少子化が生産年齢人口の減少をもたらすということである。もう1つの質については，非正規雇用と密接に関連している。一般に，労働者は職場内の社員教育によって仕事に関する基本的なスキルを身につけることができる。しかし，非正規雇用者にはそうした機会が十分に与えられない。短期間で職を変えざるを得ない状態が続いたり，スキルを身につけることがでるような仕事を任される機会を持つことなく一定期間を過ごしてしまうと，労働の質が劣化せざるをえない。これは本人にとってだけでなく，社会的にも大きな損失である[7]。

第三に，非正規雇用から正規雇用への転換が難しい状況が続くと，若年層もやがては中高年になる。その結果，貯蓄が少なく，収入が少ない生活保護予備軍ともいうべき人々が増えることになる。これは経済格差を象徴する問題の1つである生活保護世帯数の増加をもたらすことになり，ひいては地方自治体の財政負担を増やすことになる。

6．非正規雇用による経済格差の問題と対応策

（1）正規雇用と非正規雇用の新たな二重構造

これまでみてきたように，経済格差の問題は，失業率の高さだけでなく，正規雇用に対する非正規雇用の増加といった労働市場の二重構造にもとづく所得格差が大きな要因となっている。

バブル崩壊後，さまざまな形態での非正規雇用が増加しており，その数は雇用者全体の3割を超えている。しかも，かつては非正規の労働者といえば主婦のパートや学生のアルバイトなどが中心であり，その収入も正規で働く世帯主の収入を補うためのものとみられていた。しかし，非正規雇用者の増加とともに世帯主として家計を支える人たちの非正規化が増大している。賃金，労働時間，昇給，昇進など労働条件の格差が大きいために，新たな貧困層を形成するという意味で格差問題を生み出すことになる。

さらに，前項でみたように，正規雇用を通じて仕事に関する基礎的能力を形成すべき若年層に非正規雇用が増えている。しかも正社員への転換は容易でないために，いったん非正規の形で働き始めるとそれが常態化する可能性が大きい。その結果，雇用だけでなく生活そのものが不安定な人々が一定の階層として存在することになる。

かつて，高度経済成長の時代には，経済成長に伴って一億総中流といわれた中間層の拡大がみられたが，現代の問題は貧困層の拡大であり，それをもたらしているのが正規雇用・非正規雇用という労働市場の二重構造である。そこでは，職がないから貧しいというだけでなく，働いていても貧しいという状況が生まれているのであり，これこそ格差社会を考える上で注目すべき大きな問題である。それゆえに，その解決の方向をどこに見出すかが重要な課題である。

（2） 規制緩和の問題

正規・非正規雇用という二重構造問題を考える場合，労働市場の規制緩和がその原因であるという見方がある。先に述べたように，労働者派遣法の改正以後に非正規雇用者の数が増えたのは確かである。ここでは，この問題をあらためて検討する。

バブル崩壊後の低成長経済において，企業は産業構造の変化およびコスト削減に対応するために労働者の非正規雇用化を進めてきた。経済環境の変化への柔軟な対応という意味では，企業の対応自体が誤りであったとはいえない。ここでの問題は，派遣法改正のもとで，派遣会社を通じた非正規雇用による雇用調整が，労働者の生活を不安定にする状況を生み出しているということである。

その1つは，労働者派遣法のもとでは，労働者は派遣事業者に雇用され，そこから仕事場である企業に派遣されるので，雇用者と実際に労働者を使用する企業が別のものになる。そのために，雇用者である派遣会社と使用者である企業の間で労働者保護の責任が曖昧になるケースが生じる。しかも，企業の中には直接に現場の担当者が派遣会社と契約して派遣を受け入れるケースもある。そうなると責任の所在が一層曖昧にならざるをえない。それが，低賃金での雇用だけでなく，労働時間，安全衛生管理等を含めていろいろな面で非正規雇用の労働条件を不利なものにすることになる。非正規雇用が一時的な現象でなく，長期でしかも大量に存在する現状では，派遣法が想定する労働者保護を再検討する必要があるといえる。

もう1つの問題は，雇用が継続される場合にも，非正規雇用者は一定期間の雇用であるために，専門的な知識や技能を身に付けるような雇われ方をしていない場合が多いということである。仕事を通じて十分なキャリアを積むことができないと，正社員としての中途採用の可能性が低くなり，所得も伸びずに，不安定な生活から抜け出すことがますます困難になるという悪循環をもたらすことになる。

これについては，非正規雇用者といえども能力と意欲のある労働者に対しては能力形成に役立ち，将来に繋がるキャリアが積めるような仕方で雇用する仕組みを企業内に形成する必要があるし，それをもとに適切な人材を正社員として採用する機会を広げるべきである。中途採用の機会が広がれば，非正規雇用者自身も積極的にスキルアップを図ろうとする意欲を高めるであろうし，企業にとっても面接だけで採用する場合よりも自社の仕事にあった人材を採用できる。それは雇用のミスマッチの解消にもつながる。そうなると，中途採用を積極的に受け入れる企業に労働市場からより適切な人材が集まるという好循環を生み出すことが可能となろう。

なお，非正規雇用者に比べて正社員は，雇用，賃金，昇給，昇進，雇用保険等のさまざまな労働条件の面で保護されている[8]。労働市場の二重構造の問題を考える場合，正規雇用者と非正規雇用者の間の労働条件の違いにも目を向ける必要がある。たとえば，その1つとして，正規・非正規を問わず，「同一労

第6章　非正規雇用と低賃金 | 95

働・同一賃金」の原則を実現するために正社員の賃金のあり方を再検討する必要があろう[9]。

（3）低賃金雇用が生む結合の誤り

　格差解消のためには，労働条件の改善が必要であるが，経済の安定的な成長による雇用の創出も重要である。成長が期待できず，経済が不安定な状況では，企業にとって賃金水準が低く，雇用契約が短期である非正規雇用を増やすことが利潤確保のための合理的手段となる。しかし，非正規雇用という形で労働者の賃金を低く抑えることが企業にとって本当に合理的な選択なのであろうか。賃金を低く抑えることが，短期的には利潤の確保になったとしても，それが広く行われると，企業の売り上げに必要な消費需要の源泉となる所得水準を抑えることになる。所得の低下は消費需要を停滞させることになるので，企業は売上低下により生産を抑制せざるを得なくなる。それは設備投資も減退させる。その結果，経済成長が低下すると，生産・雇用をさらに縮小させるという悪循環を生むことになる。ここには，コスト低下のための賃金抑制という個々の企業にとって合理的と思われる行動が，経済全体にとってはマイナスに作用する「結合の誤り」が生じることになる[10]。

　また，非正規雇用という不安定な就労形態は現在だけでなく将来も不安定にさせ，将来所得を不確かなものにする。この将来所得の不確実性も現在の消費を抑制する方向で作用すると考えられる。消費需要は総需要の約60％を占めるために，消費需要の低迷は国民所得の伸びを抑え，ひいては雇用を抑制し，失業の解消を遅らせることになる[11]。ここには，ケインズが『一般理論』で指摘した賃金切り下げのパラドックスが当てはまる状況があるといえる[12]。賃金の支払いは，企業の収益を増大させる源泉となることを再認識する必要があろう。

図6−8 売上高経常利益率の推移

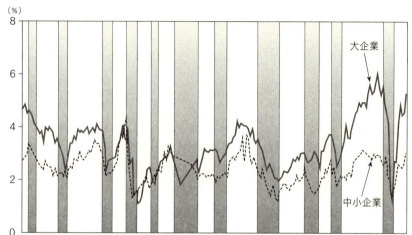

資料出所：財務省「法人企業統計調査」をもとに厚生労働省労働政策担当参事官室にて推計。

（注） 1） 大企業は資本金10億円以上，中小企業は資本金10億円未満（1千万円以上）とした。
　　　 2） 数値は四半期値の季節調整値。
　　　 3） グラフのシャドー部分は景気後退期（ただし，2007年10月を景気の山とし，2009年3月を景気の谷とする景気後退期は暫定）。

出所：平成23年版『労働経済白書』，200頁。

　低賃金雇用に関して注目すべきもう1つの問題は，企業は必ずしも賃金を支払う余裕がないのではないということある。図6−8には，大企業と中小企業の「企業の売上高経常利益率の推移」が示されている。2002年から2007年にかけての景気拡大期をみる限り，企業は好調な業績を示している。しかし，すでにみたように，この間に非正規雇用者が増えている。その意味で，失業率は低下したが，労働者への利益還元は十分でなかったといわざるを得ない。図6−9に示されるように，一方ではこの間に，配当金と役員賞与は大幅に増えている。たとえグローバル化による市場重視の経営が指向される傾向があるとしても，それは消費需要を不安定にし国内経済を脆弱なものにすることに注意す

第6章　非正規雇用と低賃金 ｜ 97

図6－9　利益率の推移とその内訳（大企業）

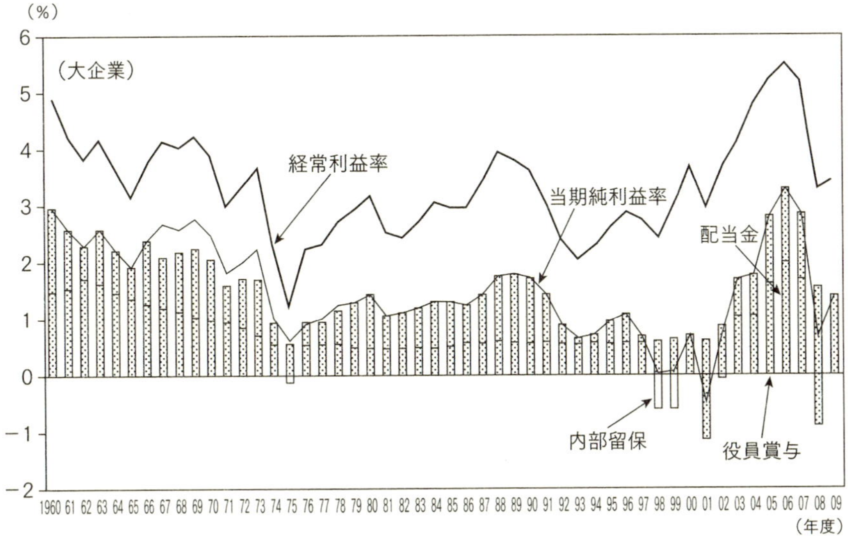

（％）

（大企業）

経常利益率

当期純利益率

配当金

内部留保

役員賞与

1960 61 62 63 64 65 66 67 68 69 70 71 72 73 74 75 76 77 78 79 80 81 82 83 84 85 86 87 88 89 90 91 92 93 94 95 96 97 98 99 00 01 02 03 04 05 06 07 08 09
（年度）

出所：平成23年版『労働経済白書』，202頁。

べきであろう。

（4）地域産業の育成・活性化

　雇用の二重構造を解消し，非正規雇用の労働条件を改善するためには，消費需要の持続的な増加による経済成長が必要であるが，それを現実の雇用の増加につなげていくためには，雇用を生み出す産業の育成も必要である[13]。

　その1つは，地方経済の活性化である。バブル経済の崩壊以前に地方経済を支えた柱の1つは公共事業であった。道路，橋，港湾事業をはじめとして，公共施設の建設は地方経済を支える重要な柱であった。地方の雇用を創出する力もそこにあったといえる。また，大企業の工場誘致も地方の雇用を支える役割を担っていた。しかし，財政の累積赤字やグローバル化による企業の海外移転によって，従来の雇用創出力は大きく低下している。

ただし，産業再生の可能性がないわけではない。日本経済をミクロの視点から見直してみると，さまざまな地域で特色を生かした産業の活性化が可能であることがわかる。たとえば，農業をみると，南北に長い日本では地域によって気候が異なり，それが各地で特色ある農産物を生み出している。また，安全で高品質な農産物は国内だけでなく海外でも注目されているし，野菜工場に代表されるような生産方法の革新や企業化による経営の刷新も生まれている。B級グルメにみられるような，その地域の特色を生かした需要の掘り起こしも地域産業の活性化につながる。さらに，長い歴史をもつ各地の文化財は，観光資源として国内需要の拡大だけでなく海外の消費需要を国内に誘導する力を持っている。製造業に目を転じると，地場産業の中には海外に通用するような技術を有するものもある。アイデアを生かし，ニーズに応じたきめ細かな産業を育成することが雇用創出の源泉となる[14]。それが経済を活性化させると期待できるのであり，各地におけるミクロの発展がマクロの経済成長を支えることになる。

　高齢社会においては，医療・介護に関する分野も国民のニーズに対応した産業である。医療機器の会社の中には，世界有数のシェアを誇るものがあるし，薬剤に関するニーズも高い。介護については，高齢者の増加とともに需要が高まっているが，現状では，労働条件が必ずしも十分ではない。また，利用者へのサービスの点でも品質が一定していないという問題を抱えている。需要があり，雇用拡大が十分に見込める分野であるために，規制や制度の見直しを通じて，問題が改善されれば，各地域での雇用拡大が期待できる。

　さらに，今日，注目されているのは，太陽光発電，風力発電等のグリーン・エネルギーの活用による地域の活性化である。グリーン・エネルギーは原子力発電や火力発電と異なり，農業，漁業，林業等の自然に依拠した産業と調和的である。また，グリーン・エネルギーへの投資は，地域の産業振興や雇用増加を期待できる。さらに，それを利用したエコ住宅市場の発展も住宅関連産業の需要・生産・雇用の拡大に寄与する分野である。こうした領域の発展は，環境面での持続可能な成長というだけでなく，経済面での持続可能な成長をもたらすと考えられる。

（5）若者の就業支援体制の充実

　失業者や非正規雇用者への対策については，現在，各省庁や都道府県を通じてさまざまな就職支援が行われている。その中でも，若者の対策として行われている支援の1つが，各自治体の所管するジョブカフェである。これは単なる職場の紹介だけでなく，就職相談や職業訓練まで幅広く対応できる点で効果的な支援体制であるといえる。雇用トライアル制度の1つである若者雇用トライアルの制度も有効である。これは，公共職業安定所に求職者として登録している若者を採用した企業に3カ月間助成金を支給し，参加者が3カ月間働いた後，使用者と求職者が互いに合意すれば正規雇用として入社できるというものである。これを通じて，企業側は助成金により通常よりも安い人件費で入社希望者の業務遂行能力を見極めることができるし，求職者も実際に働くことでミスマッチを回避できるメリットがある。また，離職率が高いといわれる若年者の雇用のミスマッチを回避するために，高校および大学におけるキャリア教育の充実やインターンシップによる就業体験も重要である。

7．おわりに

　本稿では，経済格差の問題を正規雇用と非正規雇用という労働市場の二重構造を中心として考察してきた。1990年代後半以降，非正規雇用の増加がみられるが，正規雇用と非正規雇用とでは，賃金格差による給与の違いだけでなく，就業年限，昇給，昇進，賞与を通じて生涯賃金に大きな違いが生じており，これが経済格差を生み出す要因と考えられる。こうした問題を考えるために，非正規雇用増加の要因とその問題点を，とくに若者の非正規雇用の増加に注目しながら検討してきた。

　非正規雇用の増加の要因としては，現在の労働者派遣法を前提にした，企業による人件費抑制と景気変動に応じた雇用調整が指摘できる。ただし，企業にとっては，景気変動に対する安全弁として非正規雇用を利用するメリットがあるとしても，果たしてそれは企業にとって本当に合理的な選択なのかどうかをマクロ経済学の観点から考察した。

また，雇用確保のためには，産業の活性化による経済の安定的な成長が必要と考えられる。グローバル経済においては，国際経済の変動に国内経済が大きな影響を受けるが，その影響を緩和し，国内経済の安定化のためには，内需の安定化と国内産業の活性化が必要である。その可能性の1つとして地域経済の振興を考えることができる。

　さらに，経済格差を考える場合，雇用問題は制度および規制のあり方と大きくかかわっている。格差是正を図るためにも現行の雇用制度・規制の再検討が必要である。

【注】

1）消費に焦点を当てて経済格差を分析している研究の1つに，山中高光（2007年）がある。山中はこの論文において，消費からみた格差の要因として，年齢効果の存在と高齢化をあげている。また，高齢層になるほど格差が拡大することを確認している。

2）こうした見方の代表的なものに，大竹文雄（2005年）がある。

3）山田昌弘は，労働者の2極化の影響が若者たちに増幅した形で現れた姿が「フリーター」であるとした上で，日本の企業は雇用調整が必要な場合，中高年の雇用維持を優先し，新規採用を抑制する傾向があることを指摘している。山田昌弘（2007年），138頁。

4）製造業では，1990年代より請負業者を通じた外部労働者が活用されたが，労働派遣法の改正後，「偽装請負」の問題が生じたことにより，企業側が請負労働者を派遣労働者に切り替えたことが非正規雇用の増加とみなされた面もある。製造業の現場における偽装請負の問題については，竹信三恵子（2009年），第2章を参照。

5）大卒の若者の30％以上が入社3年以内でやる気を失い，辞める理由として，城繁幸は若者の能力を正当に評価しない日本企業の年功序列システムに問題があると述べている。城繁幸（2006年）参照。

6）山田昌弘は，欧米と異なり，日本において若者の失業増加や非正規雇用による経済的不安定が大きな問題とならないのは，アルバイトに困らない上に，親に生活を支えてもらっており，しかも未婚であるために家族に対する責任がないためであると述べている。山田昌弘（2007年），146頁。

7）竹信三恵子は，職場における雇用の実態を丹念に取材することによって，人件費の削減で不況を乗り切ろうとする企業の対応が，雇用を劣化させ，ひいてはさらなる不況をもたらしていると指摘している。竹信三恵子（2009年）参照。

第 6 章　非正規雇用と低賃金　｜　101

8）正規雇用者は非正規雇用者に比べて労働条件の面で優遇されているが，正社員であったとしても，必ずしも既得権益に守られて安泰であるとはいえない現状もある。職場によっては賞与・手当を削られ，サービス残業を含む長時間労働を強いられるケースがある。これについては，竹信三恵子（2009 年），第 5 章を参照。

9）これについては，橘木俊詔が雇用格差是正のための方策として，「同一労働・同一賃金」と「最低賃金制度の充実」を提案している。橘木俊詔（2006 年），162 頁。

10）竹信三恵子は，このことを「雇用劣化不況」と呼んでいる。過去最高益の企業をよそに，働き手の消費に依存していた地域社会が雇用の劣化によって不況に喘ぐ姿を，各企業の現場を通じてレポートしている。竹信三恵子（2009 年）参照。

11）最近の日本経済における，低賃金による所得低迷がもたらす不況の分析については，関谷喜三郎（2010 年）参照。

12）ケインズ『一般理論』第 19 章，参照。

13）日本における雇用創出に関する詳細な分析については，樋口美雄（2001 年），第 5 章，参照。

14）雇用創出のための地域経済の活性化については，山田久（2009 年）参照。

［参考文献］

［1］伊東光晴（2007 年）『世界』岩波書店，2007 年 8 月号。

［2］太田聰一（2010 年）『若年者就業の経済学』日本経済新聞社。

［3］大竹文雄（2005 年）『日本の不平等』日本経済新聞社。

［4］櫻井　稔（2001 年）『雇用リストラ』中公新書。

［5］城　繁幸（2006 年）『若者はなぜ 3 年で辞めるのか？』光文社新書。

［6］関谷喜三郎（2010 年）「日本経済のマクロ分析」石橋春男編著『現代経済分析』創成社，所収。

［7］竹信三恵子（2009 年）『ルポ雇用劣化不況』岩波新書。

［8］橘木俊詔（2004 年）『家計からみる日本経済』岩波新書。

［9］橘木俊詔（2006 年）『格差社会』岩波新書。

［10］樋口美雄（2001 年）『雇用と失業の経済学』日本経済新聞社。

［11］平野賢哉（2011 年）「労働者派遣市場と派遣労働者活用の再考」奥山忠信・張　英莉編著『現代社会における企業と市場』八千代出版，所収。

［12］武藤博道（1999 年）『消費不況の経済学』日本経済新聞社。

［13］山田　久（2009 年）「雇用危機の大きさと政策対応の在り方」Business & Economic Riview，日本総研，2009 年 4 月号。

［14］山田昌弘（2007 年）『希望格差社会』ちくま文庫。

［15］山中高光（2007 年）「「格差社会」と消費」『日本消費経済学会年報』第 29 集。

[16] 八代尚宏（1996）『雇用慣行の流動化と国民生活』財団法人　全国勤労者福祉振興会。

[17] ロナルド・ドーア（2006 年）『誰のための会社にするか』岩波新書。

[18] ロナルド・ドーア（2011 年）『金融が乗っ取る世界経済』中公新書。

[19] J. M. Keynes, *The General Theory of Empolyment, Interest, and Money*, Macmillan London, 1936. 塩野谷祐一訳『雇用・利子および貨幣の一般理論』ケインズ全集第 7 巻，東洋経済新報社，1983 年。

[20] 平成 21 年版『経済財政白書』内閣府。

[21] 平成 23 年版『労働経済白書』厚生労働省編。

第7章　女性の労働市場と消費行動

1．はじめに

　本章は，マクロ経済における雇用と消費という視点から，M字カーブに象徴される女性の雇用問題に焦点をあて，雇用拡大とそれにもとづく消費需要の増加を通じた持続的成長の可能を考察するものである。とくに，女性の雇用増加とそれによる消費増加の可能性について考察する。

2．経済成長の要因と女性の労働市場

　経済の持続的な成長を可能にする基本的な条件は，需要の確保と供給条件の充足である。そのうち，需要に関しては，ケインズの有効需要の原理[1]が示すように，一国の生産水準は総需要の大きさに依存する。日本経済における総需要の構成をみると，民間最終消費支出が総需要全体の約6割を占めており，総需要を構成する項目の中で最も大きなものである。それゆえ，消費の安定的な維持は経済活動の安定化にとっても重要であるといえる。とくに，バブル崩壊後の我が国のように，長期にわたり平均経済成長率が1％台であるような，いわゆる成熟経済にあっては，消費需要の安定化は持続的成長にとって重要な意味を持つといえる。

　一方，供給条件としては，労働力，資本，技術進歩が考えられる。経済成長のためにはこのいずれも必要である。その中で，少子高齢化のもとで人口に占める生産年齢人口の割合が低下する現象に注目すると，女性，高齢者の労働参

加率の増加が求められることになる[2]。この点に関して，女性の雇用形態をみると，後に見るように高校および大学卒業後の就業率が結婚・出産とともに低下する傾向にある。既婚女性の離職率の増加は，人的資源の活用という面からみても経済的な損失といわざるをえない。そこで，本論では，需要面および供給面で経済の安定化にとって注目すべき女性の雇用増加と消費拡大の可能性についてみていく[3]。

3．マクロ経済の構図

雇用増加と消費需要の関係をみるための基本的な視点として，マクロ経済における雇用と消費の関係を確認しておく。マクロ経済においては，消費は総需要の主要な構成項目であり，その大きさは生産水準を左右する重要な要因である。消費は所得に依存するが，所得を生み出すのは雇用である。したがって，そこには，雇用 → 所得 → 消費という関係が成り立つことになる。さらに，消費は有効需要として生産の持続を可能にすることになる。

マクロ経済においては，雇用増加 → 所得増加 → 消費増加 → 生産増加という形で循環的な関係が成り立つ。経済の安定的な活動を維持するためには，この4つの要因にもとづく循環が持続的に関連し合あう必要がある。何らかの理由によりそれぞれの循環的な関連がうまく成立しない状況が生まれるとき，経済活動は不安定化せざるをえない。少子化のもとで生産年齢人口の減少が現実化する日本経済の現状に焦点を当てると，経済成長の持続のためには，この連鎖の中に女性労働の増加と消費持続の関係を組み込んで考える必要がある。

なお，女性労働に注目するとき，この循環においては，女性の雇用増加が重要な視点を提供するものである。女性就労の増加は生産年齢人口の減少をカバーするものであり，雇用増加が生産増加に結びつく。しかも，女性雇用の増加は量的側面だけでなく，質的側面についても重要な意味をもつ。たとえば，顧客ニーズに合った製品の生産・販売という面に注目すると，マーケッターとしての女性の役割はニーズへの対応という面で効果的である。女性の活用が消費増加につながることにより，企業の収益の増加を生み出し，それが雇用増加

に結びつくと期待できる。そこには，雇用 → 生産 → 消費という連鎖も成り立つことになろう。その意味で，生産・雇用と所得・消費はお互いに影響し合う関係にあるといえる。ここでは，このような視点から女性雇用の問題を考察していくが，その出発点として，まず労働市場における女性雇用の現状をみていく。

4．労働市場における女性の雇用と賃金

（1）女性の雇用者数の推移と雇用環境の変化

　総務省統計局の労働力調査によると，2011年の女性の生産年齢（15歳から64歳）の労働力人口は2,237万人であり，前年より8万人増加している。女性の雇用者数の動きをみると，図7－1に示されるように，2008年（平成20年）以降，雇用者総数が減少傾向にある中で，女性の雇用者は増加し続けている。雇用者総数に占める女性労働者の比率も2008年から連続して上昇しており，

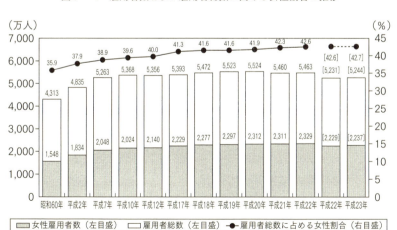

図7－1　雇用者数および雇用者総数に占める女性割合の推移

資料：総務省統計局「労働力調査」。
出所：財団法人21世紀職業財団『女性労働の分析　2011年』，10頁。

2011年（平成23年）には過去最高の42.7%になっている。

　女性の雇用増加については，さまざまな要因を考えることができる。所得を得るための必要に迫られての就業が最も大きな理由であろうが，それ以外にもいくつかの要因を上げることができる。その1つは，女性の社会進出を促進する上での法規制による就労環境の変化がある。その中でも，1985年の「男女雇用機会均等法」は大きなきっかけになったと思われる。この法律が制定されたことにより，昇進の問題も含めて職場における男女平等化の環境整備が進んだといえる。ただし，この法律には罰則がないために強制力をもたないという問題があり，そのために1999年に改正法が実施され，従来，企業の努力義務であった就労条件に関する男女の差別的取扱が禁止されるとともに，母性健康管理も義務化されている。さらに，2007年の改正により，男女双方に対する差別的取扱いが禁止されている。

　また，企業が女性採用に積極的に取り組みだしたこともある。厚生労働省が次世代育成支援対策推進法に基づいて一定の基準を満たした企業に与える次世代育成支援認定マークの取得や，企業内保育園の設置などによる働く女性のための労働環境の整備もある。女性が参加しやすい医療，福祉，飲食といったサービス産業の増加もある。

（2）共働き世帯の増加

　次に，女性雇用の現状を理解するための1つの指標として，共働き世帯の動向をみておく。女性の社会進出に対する意識の変化や経済情勢の変化を背景として，1997年（平成9年）を境にして共働き世帯数が男性雇用者と無業の妻からなる片働き世帯数を上回っている（図7-2）。日本経済新聞社のインターネット調査（2009年）によると，子供が出来ても働き続けると答えた女性の数は，2002年に23.4%だったのに対して，2009年には45.9%と2倍になっている。こうした女性の結婚後の就業率の増加は，所得を通じた消費の安定化を支える上で重要と考えられる。

第7章 女性の労働市場と消費行動 | 107

図7－2　共働き世帯の推移

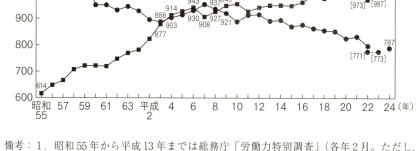

備考：1．昭和55年から平成13年までは総務庁「労働力特別調査」（各年2月。ただし、昭和55年から57年までは各年3月）、14年以降は総務庁「労働力調査（詳細集計）」（年平均）より作成。
出所：平成25年版『男女共同参画白書』内閣府、82頁。

（3）女性の年齢階級別労働力率

　女性の雇用に関する最大の問題は、結婚・育児と就業の両立である。女性の就業率をみると、図7－3の年齢階級別労働力率の動きが示すように、高校・大学を卒業後増加する就業率が25歳近辺を境にして減少傾向に転じ、30代半ばまで低下し、その後再び増加に転じ、50歳代まで増加している。そこには、いわゆるM字カーブと呼ばれるような労働力率曲線が描かれることになる。20代後半から30代半ばにかけて離職率が増加する現象を示すM字カーブの解消は、女性の雇用を促進する上で大きな課題となる。そのためには、M字カーブを生み出す要因を確認しておく必要がある。
　20代後半は多くの女性が結婚し、子育てをする年齢となる。女性は結婚すると家事労働の負担が増えるが、そこに子育てが加わると仕事との両立が難しくなり、結婚・出産を機に仕事をやめる女性が増えることになる。これについてはさまざまな研究がある。たとえば、永瀬伸子は『出生動向基本調査』を用

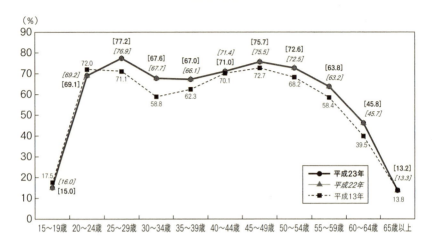

図7-3 女性の年齢階級別就業率の変化（M字カーブ）

資料：総務省統計局『労働力調査』。
出所：財団法人21世紀職業財団『女性労働の分析 2011年』，45頁。

いて，結婚前は約80％の女性が正社員として働いているが，結婚とともに約40％が無職となり，第1子出産後は約80％の女性が離職し，家庭に入るという結果を示している[4]。こうした研究結果もM字カーブを裏づけるものである。

　さらに，女性の結婚・出産と離職の関係を分析するとともに，就業との両立可能性を考察した研究としては，宇南山卓（2011年）がある[5]。宇南山は，過去25年間における結婚・出産による離職率を検証し，表7-1のような結果を導き出している。これをみると，結婚による離職率は過去25年間，86.6％近辺でほとんど変化していないことが示されている。このことは，法整備も含めて，これまで女性労働の維持・増加について多くの支援策がとられてきたにもかかわらず，結婚・出産と就労の両立が容易でないことを表しているといえる。

　ただし，図7-3のM字カーブの動きをみると，近年，M字カーブの落ち込みは小さくなっている。これは，20代から30代の女性の就業が増えている

第7章　女性の労働市場と消費行動 ｜ 109

表7－1　結婚・出産による離職率

期間年	サンプル表	結婚・出産による離職率	標準誤差	決定係数
全期間プール	75	86.3%	1.4%	0.98
1980 － 1985	15	85.9%	1.8%	0.99
1985 － 1990	15	85.6%	2.0%	0.99
1990 － 1995	15	87.0%	2.6%	0.99
1995 － 2000	15	89.4%	4.1%	0.97
2000 － 2005	15	86.3%	5.7%	0.95

出所：宇南山　卓「結婚・出産と就業の両立可能性と保育所の整備」『日本経済研究』，
　　　No.65，2011年，8頁。

　ことを示すものであり，ここからは結婚・出産と就業の両立可能性が高まった
ように見える。しかしながら，この増加は必ずしも既婚女性の就業率の増加を
意味するものではない。Ｍ字カーブ上昇の構造的要因をみてみると，未婚，
既婚未出産の女性の就業率には低下がみられないのに対して，出産した女性の
カーブは低下している。ここには，出産して退職するか，出産せずに，あるい
は結婚せずに労働市場に留まるかという選択が働くことが示されている。つま
り，女性の就業増加の背景には，未婚化，晩婚化，晩産化がある。これについ
て，宇南山（2011年）は，クロスセクションデータを用いてＭ字カーブの上昇
を確認するととともに，『国勢調査』の資料を基にして，結婚経験率の低下と
労働力率の上昇の関係を検証し，未婚化が労働力率の上昇と正の関係にあるこ
とを示している。さらに，結婚による離職率の決定要因として，育児休業制
度，3世代同居率，保育所の整備状況の3つを取り上げて検討している。それ
によると，育児休業制度と結婚・出産による離職率の変化との相関は小さいこ
とが示されている。これは制度を導入することと，それを利用できる可能性に
大きな違いがあることを立証するものであるといえる。3世代同居率との相関
関係も小さい。これは大都市では元々同居率が低く，同居率が高かった日本海
側の各県でも低下していることが原因と考えられる。それに対し，待機児童の

問題にみられるように，出産後，子供を預ける保育所が不十分であることが離職せざるえない大きな理由になるということである。ここから，結婚・出産にともなう就業率の低下を防ぐためには，育児施設の充実が必要であることがわかる[6]。

仕事と子育ての両立を検討する場合，女性の社会進出の度合いが高い外国の支援策も参考になろう[7]。たとえば，少子化問題を克服しているフランスの支援策をみると，50歳未満の女性の80％が働いているが，子供が3歳までは両親のどちらか一方が休職することができる。その間給与水準に応じて月額最高512ユーロの休業手当が支給される。さらに，復職後，以前と同等の地位が保障されることになっている。また，母性と仕事の両立が重視され，出産・育児休暇をとる女性は，正社員，パートといった雇用形態にかかわらず，3年間，現在の職場の地位が保障されるようになっている。女性の就業率の高いスウェーデンにおける子育て支援の取り組みも参考になる[8]。とくに，公的保育サービスの充実や手厚い育児休業制度は仕事と育児の両立にとって重要な条件となろう[9]。

（4）男女賃金格差

女性雇用に関するもう1つの問題は，賃金に関して男女の間に賃金格差があるということである。厚生労働省の賃金基本構造統計調査によれば，2012年の女性の給与を男性と比較してみると，男性を100とした場合，女性の一般労働者が70.9，そのうち正社員・正職員が73.4である。図7－4にも示されるように，長期的にみれば所定内給与の男女間格差は縮小しているが，依然として開きがある。

この賃金格差の要因については，表7－2に示される厚生労働省のデータを手掛かりに考察してみると，賃金格差をもたらす要因としては，表7－2に示されるように，勤務先における職階が一番大きなものとなっている。部長，課長，係長などの上位の職階に就いている女性の割合が男性に比べて低いことが賃金の格差につながるということである。次に大きいのが勤続年数である。その他，年齢，労働時間による違いもあるが，学歴，企業規模による影響は小さ

第 7 章　女性の労働市場と消費行動 | 111

図 7 - 4　男女間所定内給与格差の推移

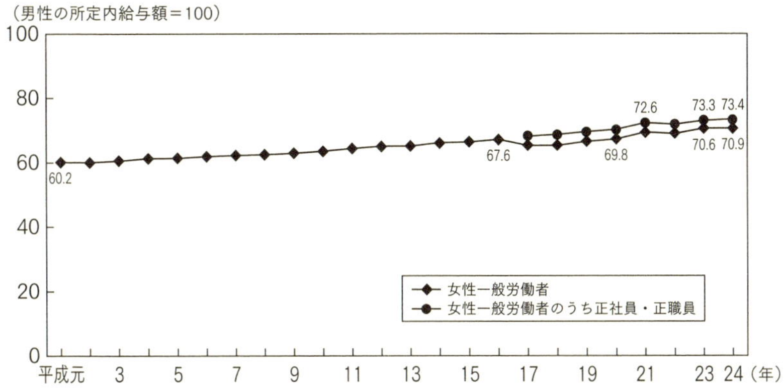

（男性の所定内給与額＝100）

資料：厚生労働省「賃金構造基本統計調査」。
出所：平成 25 年版『男女共同参画白書』内閣府，80 頁。

い。

　賃金に格差をもたらす職階と勤続年数は，M 字カーブに示される女性の結婚・出産による職務の中断と関連していると考えられる。とくに，出産を機に退職してしまう女性が多いことが，職場での責任ある地位につく機会を狭めてしまうことになり，勤続年数も短くなる。その結果が賃金の格差となって表れるとみられる。

　さらに，男女の賃金格差の問題を考える場合に見逃してならないのは，性差による仕事の格差である。「女性には女性に合う仕事がある」というジェンダー差別が会社における女性の仕事を補助的あるいは定型的なものにしており[10]，そうした職務が女性の賃金を低くしている面がある。そのために，賃金格差の問題の解決には，このジェンダー格差の解消が大きな課題である。これについては，男女の賃金格差の解消には，「同一労働・同一賃金」ではなく，ジェンダー差別を視野に入れた「ペイ・エクイティ」原則の実施が課題であるとする熊沢誠（2000 年）の指摘が注目に値する[11]。

表7－2　男女間の賃金格差の要因

要　　因	男女間賃金格差		男女間格差縮小の程度
	調整前（原数値）(1)	調整後(2)	(2)－(1)
勤続年数	70.6	75.8	5.2
職　　階	73.0	82.3	9.3
年　　齢	70.6	71.8	1.2
学　　歴		71.3	0.7
労働時間		71.9	1.3
企業規模		71.3	0.7
産　　業		67.5	－3.1

出所：平成 25 年版『男女共同参画白書』内閣府，81 頁。

5．働く女性の消費需要

　これまで女性の就業問題をみてきたが，次に働く女性の消費に焦点を当てて，女性の就業率の増大が消費需要の拡大につながる可能性について検討していく [12]。

（1）有職女性と専業主婦の消費動向の違い

　女性の消費を考察する出発点として，働く女性の消費パワーの強さに注目する。日本経済新聞社，産業地域研究所が 2009 年 11 月の全国の 20 代〜 40 代の有職女性に実施した「働く女性 1 万人調査」（自営業，派遣，契約社員，正社員，公務員，管理職まで，未婚・既婚を含む）によれば，専業主婦と比較した働く女性の支出意欲の高さが明らかになっている。たとえば，図 7 － 5 に示されるように，過去 1 年間のファッションに関する支出をみると，専業主婦の年間平均 7 万 3,200 円に対して，有職女性は年間平均 15 万 7,700 円と約 2 倍になってい

第 7 章　女性の労働市場と消費行動 ｜ 113

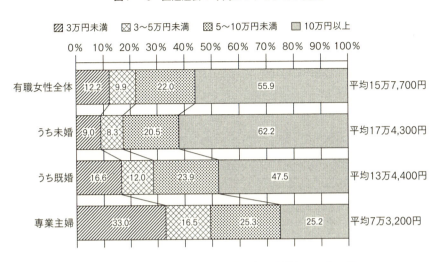

図7−5　直近過去1年間のファッション支出

出所：日本経済新聞社　産業地域研究所「働く女性が拓く市場」2010年3月。

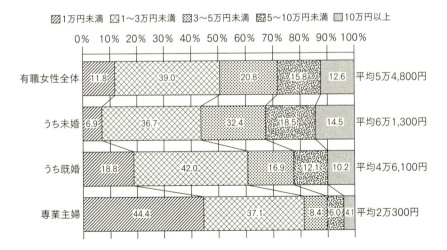

図7−6　直近過去1年間の月間の趣味・娯楽費

出所：日本経済新聞社　産業地域研究所「働く女性が拓く市場」2010年3月。

図7-7 単身男女の所得階級別所得と消費

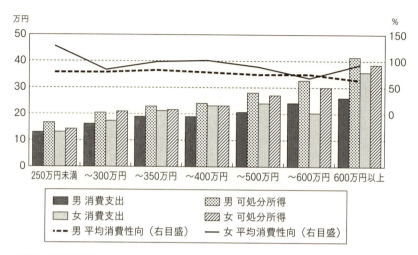

(注) 労働者世帯。
資料：総務省「全国消費実態調査」(2004年)。
出所：『女性が変える日本経済』，101頁。

る。有職女性の中では，未婚者が平均17万4,300円と高い数値を示している。また，図7-6の過去1年間の趣味・娯楽に対する1カ月当たりの支出額をみると，専業主婦が平均2万300円であるのに対して，有職女性は2倍を上回る平均5万4,800円となっている。

こうした調査結果は，女性の場合でも自分で稼いだお金の方が，専業主婦として夫の給料を使うよりも積極的な消費を実現できるということを示している。このことは，消費需要の確保という面からも，女性の雇用拡大が，雇用→所得→消費という経済循環の連鎖をより強力なものにする可能性を意味するといえる。

なお，女性の積極的な消費については，単身世帯についても男女の平均消費性向に差があることを指摘する研究として，小峰隆夫・日本経済研究センター編『女性が変える日本経済』がある。そこでは，「全国消費実態調査」(2004年)を用いて，図7-7の結果を導いている。これによると，同じ所得階層で

比較すると，全般的に女性の平均消費性向は男性より高い。また，同じくらいの収入を得た場合，女性の方が男性より消費に回す傾向がある。ゆえに，女性は男性より多く支出する傾向があるので，雇用を通じて女性の経済力が向上することにより消費がより活発化する可能性が高いといえる。

（2）共働き世帯と消費

次に共働き世帯の所得構成と消費についてみていく。結婚後も女性が働き続ける「共働き世帯」が増えている。先に述べたように，M字カーブの上昇を支えているのは，未婚女性の就業率の増加とともに，既婚未出産の女性の就業率の持続である。これには，結婚後に外で働くことに対する女性自身の積極的で肯定的な意識の浸透もある。野村総合研究所による「NRI生活者1万人アンケート調査」によると，「夫婦はお互いに経済的に自立した方が望ましい」という考え方に対して，図7－8にみられるように，賛成は男性より女性が多

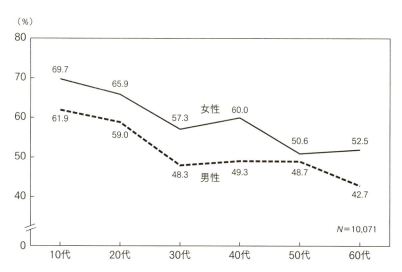

図7－8　アンケート「夫婦はお互いに経済的に自立した方が望ましい」

出所：野村総合研究所「NRI生活者1万人アンケート調査」2006年。

く，年齢層では 10 代，20 代の若い層で賛成が多い。この世代は，男女機会均等法の施行以降に生まれた人も含まれており，共働きの両親に育てられたケースも多いことから，夫婦であったとしても，夫の収入にすべて依存するという価値観が薄らいでいる世代ということができる。「いずれにせよ，働く女性の一層の増加は，世帯レベルでの消費水準を押し上げると共に，家計の固計化を促し，稼ぎ手としての女性の経済的基盤を確立させ，女性自身の自由裁量的消費（自分消費）の原資を生み出していく」[13] と考えられる。

　共働きにより家計の収入面で，いわゆる「ダブルインカム」が実現している。しかも，これまでは共働きによる女性の収入は夫の世帯収入を補助するものであり，家計を助けるためのものであったが，近年の特徴としては，従来の家計補助型の共働きに加えて，夫の収入とは別に妻が結婚前の就労スタイルを維持する「キャリア維持型」の共働きも増えつつある [14]。その場合には，ダブルインカムが消費のダブルエンジンとなる。それが先に示した図 7 - 8 のアンケートにも表れている。

（3） 余暇活動と消費

　次に女性自身の消費の特徴についてみていく。女性は，独身期には「私」と「職業人」という側面を持っているが，結婚すると「妻」という役割を持つようになり，さらに出産すれば「母」という役割を持つようになる。このように，結婚後は様々な役割を担うことになるが，役割が変わっても，消費に関して「私」という側面を失うことはない [15]。

　このことは，男性に比しての女性の消費意欲の高さにも表れている。たとえば，余暇活動の 1 つである旅行についてみてみると，JMR 生活総合研究所の『消費社会白書 2012』によると，2011 年 3 月からの 4 カ月間について男性・女性の旅行経験を調査したところ，海外旅行では男性 4.6 ％，女性 7.6 ％であり，国内旅行では男性 31.7 ％，女性 37.5 ％といずれも女性の方が多かった。「旅行に行くのが好きだ」と答える割合も男性が 6 割，女性が 8 割となっており，男性に比べて女性の方が積極的な姿勢を表している [16]。

　産業としての観光は，これからの日本経済にとって成長産業として注目すべ

き分野である。とくに，観光産業は経済循環が生み出す所得 → 消費 → 生産のルートを通じた経済効果が期待できる。観光産業は原材料を海外から輸入する必要のない産業であるために，最終需要の増加が輸入による海外への漏出により削減されることがない。また，観光は地産地消により需要の波及効果を域内に留めることが可能となる。さらに，観光産業は相対的に労働集約的であり，当該地域における雇用の受け皿としても役立つ。そこで，女性の就業増加が観光への支出を増やすなら，地元の産業への経済効果が期待できる。

　さらに，余暇活動も含めて，女性の生活と消費に関する研究として注目すべきは，消費をライフコースにしたがって分析した学習院大学経済経営研究所における女性のライフコース研究会の研究成果であろう。その研究成果が青木幸弘・女性のライフコース研究会編『ライフコース・マーケティング』(2008年)にまとめられている。そこでは，働く妻の所得の使い道に関する調査が示されており，妻の所得の主な配分先として，①家族の生活費，②貯蓄，③自分の自由になるお金，④住宅ローン返済，⑤子供の養育費，となっている。共働きの妻は，家のため，子供のための支出を行うが，同時に自分の所得を「自分のための」支出としての自己裁量支出にも充てている[17]。また将来のための貯蓄にも回しており，就業継続による経済的ゆとりが「私」のための消費を可能にしている。また，継続的に働いている女性には，スキルアップやストレス解消，オシャレなど自分のための消費の拡大も期待できるといえる。

（4）時間の制約と消費

　女性による仕事と子育ての両立は，雇用・所得の増加を通じて消費市場における新たな需要の拡大につながるが，仕事をもつ既婚女性の場合には労働時間に加えて家事・育児に多くの時間を取られるために，消費に使うための時間が取れないという問題もある。そのために，買い物の時間にかける手間を省き，効率的に買い物したいと考える傾向が強い。インターネットによる商品購入経験の割合が働く女性の間で急増しているのはそのためであると思われる。

　買い物に手間や時間をかけたくないという傾向は，買い物に関する情報収集にもみられる。こだわりのある商品に対しては，時間をかけて商品を選び，た

とえ高額でも品質の良いものを選ぶが，こだわりの少ないものに対しては効率的な情報収集を重視し，購入の利便性を重視している。時間の問題は購入商品にも表れている。時間を効率的に使いたいという女性特有の市場に「ながら市場」がある。「～しながら，～できる」という商品が女性に人気がある。その1つに美容家電商品がある。社会進出が進む一方で，時間がとれない現状の中で，時間を効率的に使いながら美容を求めるということである。

　既婚女性の消費に関する時間制約の問題を考える場合には，家事・育児に対する夫の協力も重要な論点となる。これについては，総務省統計局の『平成23年社会生活基本調査』によると，末子が6歳未満の夫婦についてみると，夫が生活時間のうち家事に割くのは1時間27分，育児は1時間12分であり，妻の家事3時間37分，育児3時間2分よりもずっと少ない。ここからもわかるように，家事や育児は主に妻が負担している。これは既婚女性の消費時間の制約だけでなく，出産後の退職にもつながることになる。これについては，先に述べたM字カーブ解消のための育児施設の充実と関連してる。また，夫の生活時間の仕事への偏りの解消のための「ワークライフ・バランス」の問題にも関係することになる[18]。

6．おわりに

　バブル崩壊後，日本経済は長期の低成長状態にあるが，最近の経済不安定化の問題として世界経済の情勢に左右される面がある。貿易および金融の変化は国内経済に大きな影響を与える。こうした変化に柔軟に対応し，国内経済を安定化させるためにも国内における消費需要の確保が必要となる。消費需要の安定化は，経済成長を下支えするだけでなく，総需要の確保を通じてケインズのいう将来の不確実性[19]をより確実なものにし，企業の経済見通しの安定化にも役立つ。ただし，消費の安定化のためには，雇用を通じた所得の確保が必要である。そこには雇用 → 所得 → 消費の連鎖が想定されるが，そのルートの1つとして期待できるのが，女性の雇用増加である。

　本論で述べたように，女性の就労増加を通じた所得の増大は，消費需要の確

保につながると期待できる。とくに，高学歴化を背景にして，女性の進学率が上昇しており，女性の収入増加は消費を支える役割を果たすと期待できる。また，就業面でも女性が働きやすいといわれる医療・福祉における労働需要が高まっており，サービス業も拡大している。

　各種のサービス業の拡大は女性の就業機会を広げるだけでなく，働く女性をサポートする上でも大きな役割を果たす。つまり，働く女性が働く女性を支援するということである。この補完関係は，M字カーブの解消にも役立つことになる。ただし，女性の労働参加を支える上で，公的機関における保育支援サービスの充実が重要であるが，この面での社会的インフラはまだ不十分である。

　さらに，雇用が拡大できたとしても，それが所得拡大に結び付かないと消費の確保は期待できない。この点での問題は男女の所得格差である。本論でも指摘したように，男女の賃金には依然として大きな開きがある。また，管理職への登用にも格差がある。女性の能力を活用するためには，企業内での昇進・昇格制度における男女の差を解消する必要がある。これについては，男女雇用機会均等法で努力義務とされる「ポジティブ・アクション」（男女労働者間に生じている格差を解消するための自主的かつ積極的な取り組み）についての企業による積極的な取り組みが必要である。

【注】

1）ケインズ『一般理論』第3章，参照。

2）藻谷浩介は，現在，専業主婦として家庭にいる女性が何らかの形で働くことによって少子化による生産年齢人口の減少がカバーできることを指摘している。藻谷浩介（2010年）224 – 226頁。

3）阿部正弘は，人口減少のもとで，生産年齢人口の減少による経済成長への制約を解決するための対応策として，埋没労働力の掘り起こしが必要であることを指摘し，その1つとして女性労働力の活用に目を向けている。さらに，経済成長の維持のためには女性労働力の生産性の向上が必要であることを強調している。阿部正弘（2013年）参照

4）これについては，永瀬伸子（1999年）参照。

5）宇南山卓（2011 年）参照。

6）これに関して，シルバースタイン・セイヤー『ウーマン・エコノミー』（2009 年）では，「誰もが保育サービスを利用できるようになれば，より多くの女性がキャリアの重要な時期—20 代後半から 30 代前半に—仕事を中断せずに済む。結婚し，家庭を築き上げる間も働き続けることができれば，生涯収入を増やし，早く出世し，資産を順調に積み上げたり，消費に回したりできるだろう」と述べている。邦訳，312 - 313 頁。

7）諸外国をみると，M 字カーブを描く国は少ない。『男女共同参画　統計データブック 2012』，38 - 39 頁参照。

8）スウェーデンにおける家庭と仕事の両立に関する取り組みについては，衣川直子（2008 年）を参照。

9）ヨーロッパにおける働く女性に対する支援については，『ウーマンエコノミー』第Ⅲ部「世界各国の女性たち」参照。

10）シルバースタイン・セイヤー『ウーマン・エコノミー』（2009 年）では，「日本では伝統的男女の役割分担がまだ根強く，「ガラスの天井」ならぬ「障子の天井」が，企業社会で女性がトップの地位に就くのを妨げている可能性がある」と指摘している。邦訳，252 頁。

11）熊沢誠は，性差による女性職の分離を考慮にいれた上での賃金格差の修正が必要であるという，新しい均等賃金論の重要性を主張している。熊沢誠（2000 年），205 - 206 頁。

12）藻谷浩介は，女性の消費意欲の高さを指摘するとともに，女性が経営に参加することで，女性市場の開拓が期待できる面を強調している。藻谷浩介（2010 年），224 - 236 頁。

13）『ライフコース・マーケティング』，44 頁。

14）これに関しては，河津のり（2007 年）参照。

15）女性の仕事と消費を「私」，「職業人」，「妻」，「母」という視点から分析しているのが，『ライフコース・マーケティング』である。とくに，第 2 章，第 3 章を参照。

16）これについては，『女性が変える日本経済』でも，女性の旅行への支出の多さが指摘されている。第 4 章「女性が変える消費」参照。

17）これについては，『ライフコース・マーケティング』，94 - 98 頁参照。

18）家事・育児に関する夫の協力が大事であるが，それを実現するためには，男性側の意識の変化以上に，育児休業の申請しやすさや過度の残業の拒否，あるいは遠隔地赴任の断り，といったことを可能にするような日本の企業風土の改善が重要である。熊沢誠（2000 年）5 章「ジェンダー差別に対抗する営み」参照。

19）ケインズ『一般理論』第 12 章，参照。

［参考文献］

［1］青木幸弘・女性のライフコース研究会編（2008年）『ライフコース・マーケティング』日本経済新聞社。

［2］阿部正弘（2013年）「経済教室・女性労働力活用の課題・上」日本経済新聞4月25日朝刊。

［3］宇南山卓（2011年）「結婚・出産と就業の両立可能性と保育所の整備」『日本経済研究』No.65，2011.7，日本経済研究センター。

［4］小倉祥子（2004年）「女性の長期勤続化による男女賃金格差の動向」『大原社会問題研究所雑誌』No546。

［5］河津のり（2007年）「ライフスタイルを創造する新しい女性消費者群」『知的資産創造』，2007年3月号。

［6］衣川直子（2008年）「スウェーデンにおける出産と育児」京都産業大学。

［7］熊沢　誠（2000年）『女性労働と企業社会』岩波新書。

［8］小峰隆夫・日本経済研究センター編（2008年）『女性が変える日本経済』日本経済新聞社出版。

［9］橘木俊詔（2004年）『家計からみる日本経済』岩波新書。

［10］永瀬伸子（1999年）「少子化の要因：就業環境か価値観の変化か─既婚者の就業形態選択と出産時期の選択─」『人口問題研究』55（2），1－18頁。

［11］藻谷浩介（2010年）『デフレの正体』角川書店。

［12］J. M. Keynes, *The General Theory of Employment Interest and Money*, Macmillan, London, 1936. 塩野谷祐一訳『雇用・利子および貨幣の一般理論』ケインズ全集第7巻，東洋経済新報社，1983年。

［13］Michael J. Silverstein, Kate Sayre, *Women Want More*, The Boston Consulting Group, 2009，津坂美樹・森健太郎監訳，石原薫訳『ウーマン・エコノミー』ダイヤモンド社，2009年。

［14］『NRI生活者1万人アンケート調査』野村総合研究所。

［15］『消費社会白書　2012』JMR生活総合研究所。

［16］『女性労働の分析　2011年』財団法人21世紀職業財団。

［17］『ダイバーシティと女性活躍の推進』経済産業省編，2012年。

［18］『男女共同参画白書』平成24年版・平成25年版，内閣府。

［19］『男女共同参画　統計データブック─日本の女性と男性─　2012』独立行政法人　国立女性教育会館・伊藤陽一編。

［20］『働く女性1万人調査』日本経済新聞社。

［21］『働く女性が拓く市場』日本経済新聞社，産業地域研究所，2010年。

［22］『Business Labor Trend 12, 2011』独立行政法人　労働政策研究・研修機構。

第8章　産業間の労働移動と賃金格差

1．はじめに

　近年，格差の拡大が社会的に問題となっている。格差の問題はさまざまな側面から考察する必要があるが，本章では経済的な側面に焦点を当てる。経済格差を見る場合には，所得格差，賃金格差，資産格差，消費格差などいくつかの分析すべき課題があるが，ここでは，製造業と非製造業の雇用と賃金の動きに焦点を当てながら，賃金格差が生じる要因を考察するとともに，賃金格差是正の可能性と課題について検討する。

2．雇用と賃金のマクロ分析

（1）雇用と物価のフィリップス曲線分析

　まず，日本経済全体としての雇用と物価の動きを確認するために，失業率と物価上昇率の関係を表すフィリップス曲線をみてみる。図8－1には，バブル崩壊以降の1990年から2012年までの完全失業率と物価上昇率の関係を表すフィリップス曲線が描かれている。この図をみると，1990年から1996年にかけては右下がりのフィリップス曲線が得られる関係が示されている。それは1990年以降90年代半ばにかけて，失業率が上昇する一方で物価が下落傾向にあったことを示している。その後，消費税が3％から5％に引き上げられた1997年以降は2002年まで物価がマイナスになる一方で，失業率は高止まり状態にあった。2002年には完全失業者は300万人を超えていた。その後，2002

第8章　産業間の労働移動と賃金格差　|　123

図8－1　フィリップス曲線

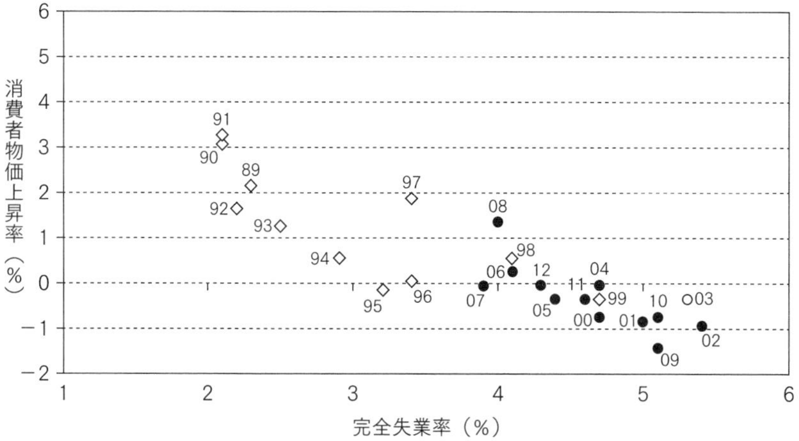

出所：総務省統計局「消費者物価指数（CPI）」，「労働力調査」より作成[1]。

年からリーマン・ショックまで失業率は低下傾向を示し，リーマン・ショックにより 2009 年および 2010 年には上昇しているが，2010 年以降，景気回復に伴って再び低下している。一方，物価上昇率はマイナスを示している。

　なお，2000 年以降について失業率と物価上昇率の間にフィリップス曲線を描くとすれば，2002 年から 2004 年の期間に右下がりの曲線を描くことができる。2009 年から 2012 年については，右下がりの曲線が 2002 年から 2004 年の曲線よりも左下方に位置することになる。それはフィリップス曲線が左下方にシフトし，失業率が低下する中で物価が下がっていることを示すものである。

（2）UV 曲線による失業の構造的分析

　次に，UV 曲線を用いて失業がどのような要因によって生じているかを確認しておく。UV 曲線は，失業率と必要就業者数に対する欠員率の関係を示すものである。横軸に欠員率を測り，縦軸に失業率を測るので，図において 45 度線上で失業率＝欠員率となる。両者の組み合わせが 45 度線を下回る場合には，失業率＜欠員率となるので，人手不足であることを示している。一方，45 度

線の上方に位置する場合には，失業率＞欠員率となるので，需要不足により失業が生じていることを示している。失業率が低下する状況では，より多くの労働が必要とされるので，人手が足りずに欠員率が上昇するケースが増えると考えられる。ゆえに，失業率と欠員率の間には右下がりの曲線が描ける関係があるとみられる。さらに，失業率と欠員率の両者の組み合わせが上方に行くほど，一方で人手を必要としながらも，他方で失業が存在することになるので，構造的・摩擦的失業が増加していることを示すことになる。

図8-2には，日本のUV曲線が描かれている。これを見ると，バブル崩壊後から1990年代にかけて45度線より上方に右下がりのUV曲線が描けるが，2000年以降は，失業率と欠員率の両者の組み合わせが45度線に近づいており，失業率の低下がみられることがわかる。しかしながら，一方で，UV曲

図8-2　UV分析

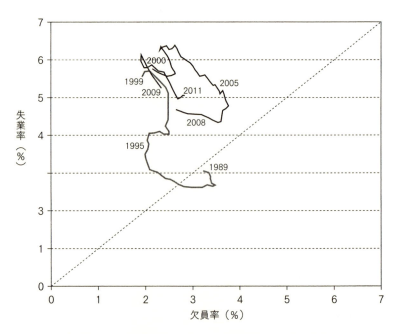

出所：労働政策研究・研修機構「ユースフル労働統計2013」より作成。

線自体が上方にシフトする傾向がみられる。ここには欠員率が増加しながらも解消できない構造的・摩擦的失業が存在すると考えられる。このことは，産業構造が変化していく中で，雇用の流動化が容易でないことを示している。労働市場は多くのサブマーケットからなり，労働市場間での調整には時間がかかるので，雇用のミスマッチが存在することになる，ということである。

（3）産業における賃金の動向

図8－1のフィリップス曲線の分析からわかることは，近年においては失業率が低下する一方で物価が低下しているということである。ここで，モノ・サービスについての価格がフルコスト原理にもとづいて決定されることを前提にすれば，物価と賃金の間に一定の関係があると考えることができる[2]。

そこで，次に賃金の動きをみてみる。図8－3には，2007年から2013年までの平均現金給与総額が全産業と産業別に示されている。まず，全産業の平均の動きをみると，2008年のリーマン・ショックを境にして落ち込んだ給与額が2009年以降回復の兆しを見せている。ただし，給与の回復は2007年以前の

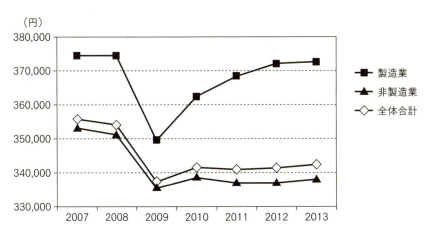

図8－3　全産業・製造業・非製造業の平均現金給与額の推移

出所：厚生労働省「毎月勤労統計調査」より作成。

図8－4　産業別・分野別現金給与額の変化率

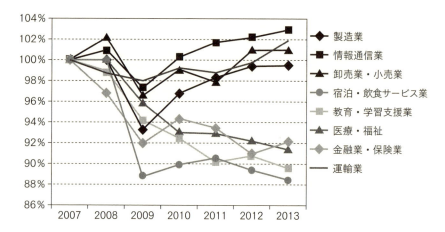

出所：厚生労働省「毎月勤労統計調査」より作成。

水準に及ばず，低水準のままである[3]。賃金水準の低迷は，失業率が減少する中で物価が低下傾向を示すフィリップス曲線の動きと整合的であるといえる。

一方，平均給与の動きを製造業と非製造業に分けてみると，そこには大きな差がみられる。製造業では2009年以降，賃金の回復がみられるのに対して，非製造業では賃金の回復がみられない。

次に，2007年を基準として，現金給与総額の変化率を見てみる。図8－4には，製造業と非製造業の現金給与総額の変化率の動きが示されている。ここでは，製造業以外の非製造業については産業分野を細かく分類して，現金給与の変化率を示している。

製造業については，図8－3の金額の動きと同様に，2009年以降給与の変化率も上昇している。一方，非製造業の分野については，増加傾向を示すものと低下するものに分かれている。情報通信業，卸売業・小売業，運輸業は給与が増加しているが，宿泊・飲食サービス業，医療・福祉，金融業・保険業，教育・学習支援業では給与の減少が続いている。

3．産業別雇用・賃金の動向

（1）製造業と非製造業の雇用動向

これまでの分析から，2000 年以降，経済全体としては，失業率が改善する中で物価・賃金の低迷が続いているが，賃金の動きを産業別にみてみると，製造業と非製造業に大きな違いがあることがわかる。そこで，次に雇用と賃金の動きを産業別にみることによって，産業レベルでの動きの違いを確認する。

まず，雇用の動きをみていく。図 8 - 5 には，2003 年から 2013 年までの産業別・分野別雇用者数の推移が示されている。製造業の雇用者数の動きをみると，2002 年以降，景気拡大局面において雇用が減少している。これは製造業が円高により生産拠点を海外へ移転したことが影響していると考えられる。2006 年から 07 年にかけては増加傾向を示しているが，リーマン・ショックを機にさらに減少しており，2013 年には 2003 年より約 10％の減少を示している。製造業における雇用減少は一時的な景気変動によるものではなく，グローバル化による低コストの必要性に対応するための構造的要因によるものであり，長期的傾向と考えるべきである[4]。

これに対して，非製造業においては一貫して雇用者数の増加が続いている。その中でも，医療・福祉の雇用者数増加が顕著である。国内の少子高齢化のもとで，医療・福祉サービスの需要の高まりが雇用の増加をもたらしており，2013 年の雇用者は 2003 年よりも約 50％増加している。情報通信業も IT 産業の拡大により，雇用を増加させている。さらに，宿泊・飲食サービス業や教育・学習支援業，金融業・保険業のすべてにおいて雇用の増加がみられる。すでにみたように，この間に失業率が低下していることから，製造業での雇用減少と非製造業での雇用増加は，両市場における雇用者の移動を伴うものであることを意味している。ただし，UV 分析で示された構造的・摩擦的失業の増加からもわかるように，製造業から非製造業への雇用シフトがスムーズに進んでいるとはいえない面もある。

これまでの分析から，製造業では雇用が減り，非製造業で雇用が増えている

図8−5 産業別・分野別雇用者数の推移

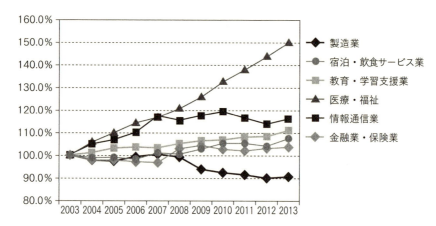

出所：厚生労働省［毎月勤労統計調査］より作成。
・2003年の雇用者数を100として計算している。

ことがわかった。通常，労働市場においては，労働供給に対して労働需要が多い場合には賃金が上がり，労働需要が少ない場合には賃金が下がると考えられる。マクロ経済においてフィリップス曲線が右下がりに描けることも失業率の減少すなわち労働需要の増加と物価すなわち賃金の上昇が対応することを意味している。A. W. フィリップスが描いたオリジナルなフィリップス曲線自体が，貨幣賃金上昇率と失業率の間に描かれた右下がり曲線であった。そこで，製造業と非製造業における賃金の動きがどうなっているかをみていく。

(2) 製造業と非製造業の賃金動向

図8−6には，製造業における一般労働者の所定内給与の動きが全体と各部門に分けて示されている。2007年を基準にして測られた所定内給与の動きは，リーマン・ショック後の2009年以降，製造業全体の動きだけでなく，消費関連，素材関連，機械関連，食料品関連の4部門のすべてにおいて増加がみられる。

一方，非製造業における一般労働者の所定内給与の動きをみると，図8−7

図8－6　製造業における一般労働者の所定内給与の推移

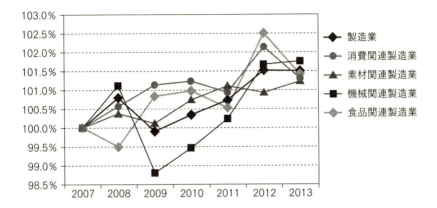

出所：厚生労働省「毎月勤労統計調査」より作成。
・2007年を100として計算している。
・常用労働者が5人以上の事業所を対象にしている。

に示されるように，部門においてばらつきがみられる。2007年を基準とすると，2013年に2007年を上回ったのは運輸業，情報通信業，卸売業・小売業，宿泊業・飲食サービス業である。中でも運輸業と情報通信業は給与の上昇傾向が強くみられた。これに対し，2007年を下回ったのは，医療・福祉，教育・学習支援業，金融業・保険業である。これらは2007年に比べてともに大きく減少している。とくに，医療・福祉および教育・学習支援業は雇用が増加しているにもかかわらず所定内給与は減少している。

　図8－6および図8－7に示される結果は，通常，労働市場にみられる雇用と賃金の関係と矛盾するものである。先に述べたように，一般に雇用が増加する市場では賃金が上がり，雇用が減少する市場では賃金が下がると考えられる。しかしながら，ここでは，雇用の減少する製造業で賃金が上がり，雇用が増加した非製造業で賃金が低下している。そこには，製造業と非製造業の間に賃金格差が生じているとみることができる。そこで，次にこの雇用と賃金の動きを生み出している要因を検討していく。

図8-7 主な非製造業における一般労働者の所定内給与の推移

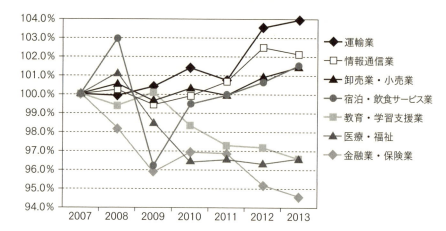

出所：厚生労働省「毎月勤労統計調査」より作成。

4．産業別雇用形態と賃金格差

(1) 製造業と非製造業の雇用形態

　製造業と非製造業の賃金の違いを見る場合，最も注目すべきは正規雇用と非正規雇用による雇用形態の違いであろう。図8-8には平成25年における産業別の正規雇用者と非正規雇用者の割合が示されている。これをみると，製造業では正規雇用者の割合が70％を超えているが，非製造業の分野では正規雇用者の割合が低い。専門性の高い医療・福祉部門でも正規雇用者の割合は64％であり，最近では看護師や介護士の非正規雇用が増えている。高い知識と技術が要求される教育・学習支援の部門では，正規雇用者の割合が高いが，これと対照的に，宿泊・飲食サービス業では正規雇用者の割合が26.4％であり，非正規雇用者の割合が70％を超えている。現在，正規と非正規の割合がほぼ半々である卸売業・小売業でも契約社員が増加傾向にあるために，今後は非正規雇用者数が正規雇用者数を上回ると予想される。このように，製造業に比べて非製造業の分野では非正規雇用者の割合が多いという特徴がみられる。

第 8 章　産業間の労働移動と賃金格差　131

図 8 − 8　産業別の正規雇用者・非正規雇用者数の割合（平成 25 年平均）

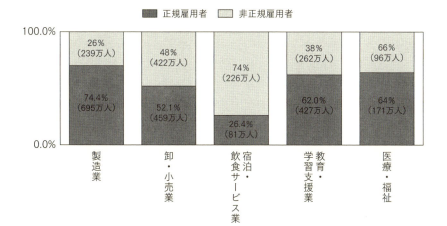

出所：総務省統計局「労働力調査」より作成。

図 8 − 9　産業別・雇用形態別平均月間所定内給与の推移

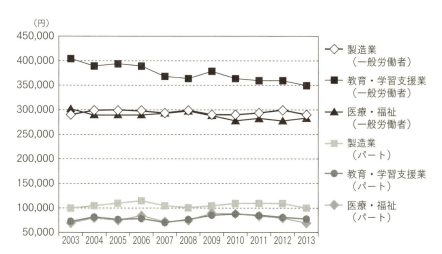

出所：厚生労働省「毎月勤労統計調査」より作成。

ここで問題になるのは，正規雇用者に比べて非正規雇用者の給与が低いということである。図8－9には2003年から2013年における産業および分野別の1人当たりの平均月間所定内給与が示されている。これをみると，製造業も非製造業も正規雇用者である一般労働者の所定内給与は30万円から40万円の水準にあるが，非正規雇用者であるパートの給与は，製造業，非製造業ともに10万円前後と低い水準にある。このデータから，先の図8－8に示される正規より非正規の雇用者の割合が大きい非製造業の賃金が低く抑えられている理由を読み取ることができる。さらに，ここからは，産業間における賃金格差だけでなく，同じ産業分野においても正規雇用者と非正規雇用者では賃金に大きな差があることがわかる[5]。

（2） 産業別男女雇用者数の比率と賃金

製造業と非製造業の賃金格差を考察する上で取り上げるべきもう1つの問題は，各産業分野における男女の比率である。これを取り上げる理由は，男女の間に賃金格差がみられるからである。多くの研究が指摘するように，依然として職場における男女の賃金格差は大きい。内閣府の平成25年版『男女共同参画白書』においても男女の賃金格差の統計分析が示されている。それによると，2012年の一般労働者の所定内給与を比較すると，男性を100とした場合に，女性の給与は70.9になる[6]。男女の賃金格差の要因についてはさまざまな角度からの検討が必要であるが，いずれにしても男女の賃金には大きな開きがある。このことが製造業と非製造業の賃金格差にどのような影響を与えているかをみるためには，産業別の男女の比率を知る必要がある。図8－10には，製造業と各種の非製造業における雇用者の男女比率が示されている。

これをみると，製造業では男性が70％で女性が30％であるが，非製造業の分野をみると，男性の割合が74％である情報通信業を除けば，それ以外の部門では女性の割合が男性を上回っている。とくに，宿泊・飲食サービス業では女性が60％を超えているし，医療・福祉にいたっては女性が76％である。男性と女性の間に賃金格差があることを考えると，これが製造業と非製造業の賃金格差をもたらす大きな要因になっているということができよう。

第8章 産業間の労働移動と賃金格差 | 133

図8－10 産業別男女雇用者数の比率（平成25年）

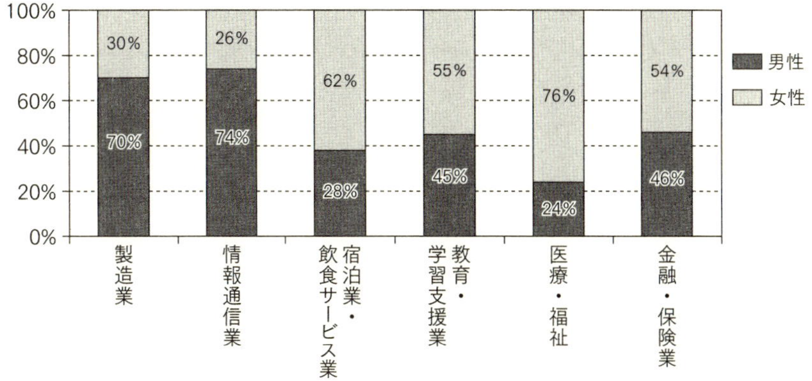

製造業：男性70%　女性30%
情報通信業：男性74%　女性26%
宿泊業・飲食サービス業：男性28%　女性62%
教育・学習支援業：男性45%　女性55%
医療・福祉：男性24%　女性76%
金融・保険業：男性46%　女性54%

■ 男性
□ 女性

出所：総務省統計局「労働力調査」より作成。

5．賃金引き上げと労働生産性

（1）マクロ経済における賃金上昇メカニズムの変容

　これまでの分析では，製造業と非製造業の間にみられる賃金格差の要因を雇用形態の面から考察してきた。図8－1におけるフィリップス曲線分析が示すように，失業率の低下は必ずしも賃金の上昇に結びつかない。そこで，賃金格差の是正のために賃金の引き上げを実現するには，非製造業の賃金引き上げが必要になると考えられる。その可能性を検討するために，まずこれまでマクロ経済において想定されてきた賃金引き上げメカニズムの変化と新たな対応の必要性を確認しておく。

　従来，我が国においては，大企業を中心とする製造業の輸出増大により収益が増大すると，それが国内の関連産業への発注増加や従業員の賃金引き上げを促し，それが各種の中小企業や非製造部門にも需要増大効果を波及させ，所得増大・雇用拡大につながり，賃金の引き上げをもたらすというマクロ経済における好循環メカニズムが作用すると考えられた。

　しかし，グローバル化の進展により，低価格競争に巻き込まれた輸出産業

は，世界的視野での生産・販売体制の見直しを迫られる過程で，国内取引企業の選別・集約を行い，活動の成果をより高い収益の見込まれる海外での事業拡大に振り向ける方向を強めてきた。製造業の対外直接投資が2000年以降増加傾向にあるのもこうした動きを示すものである。また，低い賃金のもとで低価格を武器とする新興国との競争から，高賃金の正社員を抑え，低賃金の非正規雇用者を活用する動きが強まったことも，かつての好循環による賃金引き上げのメカニズムを弱めているといえる。結果として，中小製造企業が受注の減少に直面し，賃金の伸びが停滞する中で雇用を削減せざるをえなくなった。それに応じて，国内消費市場の伸びが鈍化し，非製造業の収益も低下することになった。

（2）産業間の労働移動と賃金

　すでにみたように，産業間の雇用の動きをみると，製造業で雇用が減る一方で，非製造業で雇用の増大がみられる。少子・高齢化を背景として，非製造業に関する分野の需要は拡大している。その中でも図8－5でみたように医療・福祉と情報通信の分野での雇用拡大が大きい。このことを産業全体としてみたとき，製造業から非製造業への労働移動が生じていると見ることができる。

　国際競争力をもつ輸出産業が収益性の低い国内よりも成長の見込める海外事業の強化に転換していくのは当然の経済活動である。その結果として国内での労働資源の配分が賃金の高い部門から賃金の低い分門に移行している。ただし，非製造業での雇用増加のうち，割合を高めているのは非正規雇用者である。それは結果として経済全体の賃金低下をもたらすことになる。賃金の低下がこうした産業と雇用の変化に起因する以上，賃金の引き上げの問題も，産業構造および雇用形態の変化を前提として考える必要がある。

　賃金の停滞に関連して，企業の内部留保の増大が問題になる場合がある。増大する内部留保を賃金に回すことによって賃上げが可能になるという議論である。ここで考えておくべきことは，企業における収益と費用に関する基本的な理解であろう。企業の利益は売上から費用を差し引いたものと定義される。その場合に，費用の中心となるのが賃金である。売上から費用を差し引いた残り

である利益は配当や役員給与に当てられ，その残りは内部留保として次期の投資に回される資金となる。したがって，内部留保そのものは賃金に回すべきものではなく，投資され，さらなる収益を生み出すことによって賃金の引き上げを可能にする源泉と考えるべきであろう。

　賃金は家計の所得であることに注目すれば，賃金の引き上げは所得の増加を通じて家計の購買力を高めることになるので，消費需要の確保という点からも賃金引き上げは重要である。しかし，収益構造が変わらないのに賃金だけを引き上げて労働分配率を増やそうとすると，企業の資本収益率を低下させ，設備投資の減退を招くおそれがある[7]。賃金の引き上げには収益性の向上が必要となるが，その源泉となるのは労働生産性の向上である。そこで次に，労働生産性と賃金の関係を考察していく。

（3）労働生産性と賃金

　すでにみたように，フィリップス曲線の動きから，失業率の低下が賃金の増加に繋がらないことがわかった。そうした状況の中で賃金を引き上げるために必要な要件の1つは，労働生産性の上昇である。図8－11には，実質労働生産性の上昇率と実質賃金上昇率の関係が示されている。この図からわかることは，賃金の増加が労働生産性と正の関係にあるということである。それは，賃金上昇のためには生産性の向上が必要であることを意味している。

　労働生産性の上昇は，資本設備増加による資本装備率の上昇と全要素生産性の上昇によってもたらされる。ここで，全要素生産性は，成長会計において経済成長率＝労働増加率＋資本増加率＋全要素生産性で表されるもので，経済成長率を生み出す要因として，労働と資本の増加で説明できない要因を示すものである[8]。それは，労働と資本の量的増加以外の労働および資本の質の変化を意味するものである。

　そこで，次に製造業と非製造業の労働生産性と就業率の関係をみてみる。図8－12に示されるように，製造業は，戦後一貫して労働生産性を高めており，1990年までは就業者数も増加している。1990年以降，労働生産性は高まっているが，就業者数は減少している。これは，バブル崩壊後の平成不況とグ

図8－11 労働生産性と実質賃金の関係

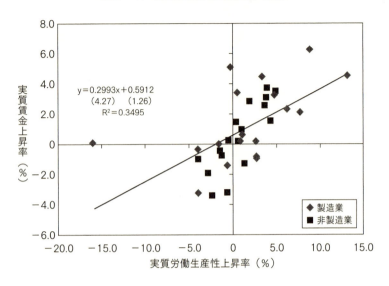

出所：厚生労働省編　平成26年版『労働経済白書』，46頁。

ローバル化への対応によるものである。また，この生産性の高さが非製造業に比して高い賃金水準を維持できる理由と考えられる。

　一方，非製造業については，卸売・小売業とサービス業が示されている。このうち，卸売・小売業は1990年頃までは，労働生産性の上昇と就業者の増加がみられたが，2000年代に入り，生産性の伸びが鈍化する一方で就業者は減少している。非製造業の中で特徴的なのがサービス業である。図8－12に示されるように，サービス業は一貫して労働生産性が低いままで，就業者数を増やしている。そこには，すでにみたように，雇用増加のうち非正規雇用によるものが多いという現実がある。

　1990年代以降，労働市場の規制緩和が行われたが，それは非正規労働者の雇用に関する自由度を高める一方で，正規社員について制度改革はほとんど行われなかった。その結果，長期にわたる景気の停滞とグローバル化に伴う国際競争の激しさのなかで，正規雇用が削減される一方で，コスト削減と雇用調整

に有効な非正規雇用の活用が急速に高まったとみられる。

　人件費削減を目的とする非正規雇用の増加は，未熟練労働者を大量に生み出すことになる。しかも，正規雇用者と異なり，非正規雇用者は有期雇用であるだけでなく，仕事そのものが定型的で単純なものが多く，研修等を通じた技能の向上も望めない。したがって，労働者としてのキャリアを積むことによって生み出される労働生産性の向上が期待できない。こうした非正規雇用の増加が，労働の質の面で労働生産性の低下をもたらし，それが賃金の低下に繋がっていると考えられる。

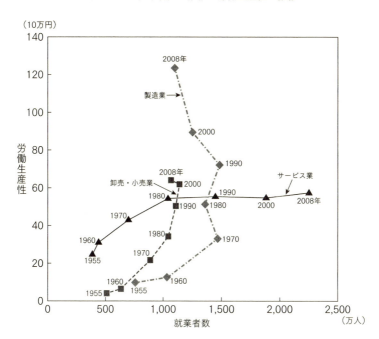

図8－12　就業者数の推移と労働生産性の推移

出所：厚生労働省編　平成22年版『労働経済白書』，113頁。

6．賃金格差是正と労働の質の改善

（1）転職に伴う生産性低下と賃金低下の悪循環

　これまでの考察から，企業が人件費の削減の手段として非正規雇用者を増やしてきたことが労働生産性を引き下げることになり，それが賃金の低下に繋がったと考えることができる。非正規雇用が労働生産性の低下をもたらすのは，労働の質が劣化しているということである。

　現在，我が国の労働市場では，正規雇用と非正規雇用の間で労働市場が分断されており，賃金だけでなく，労働の質の向上に関しても両者の間に大きな差がある。しかも，リーマン・ショック後に生じた労働移動に注目してみる

図8－13　製造業からの転職先業種別割合

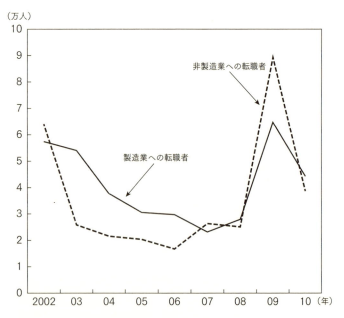

出所：内閣府『経済財政白書』平成25年版，206頁。

と，雇用削減を続けた製造業からの転職先として多かったのが医療・介護や卸業・小売業である。つまり，同じ製造業であるよりも非製造業への転職が多い（図8－13参照）。

さらに，転職による産業間の労働移動と賃金の関係をより具体的にみるために，製造業における生産工程従事者の転職先と賃金率の変化をリーマン・ショック前とその後で比較してみると，図8－14が示すように，2002－08年平均と2009－10年平均を比較してみると，リーマン・ショック後の非製造業への転職者の賃金が大幅に低下していることがわかる。前職と異なる職種への転換では，それまでの技能を生かすことが難しいことから賃金の大幅な低下を受け入れざるをえないという事情がみてとれる。それは，技能の不足による生産性低下が賃金の低下をもたらし，それが企業の収益を抑制し，コスト削減のために非正規雇用を増加させることにより，さらに労働生産性を低下させるという悪循環を生み出すことになる。また，ここには，図8－3のUV分析が示すように，雇用のミスマッチによる失業が存在する中で職を得ようとすると低い賃金を受け入れざるをえないという労働者側の事情もみてとれる[9]。

図8－14 転職後の業種別賃金変化率

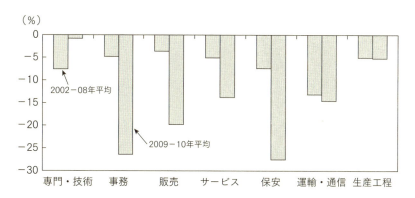

出所：内閣府『経済財政白書』平成25年版，210頁。

（2）労働生産性向上と賃金引き上げ

これまでの分析より，賃金引き上げのためには労働生産性の向上が必要であることがわかる。労働生産性を左右するものは資本の質，すなわち技術水準の向上及び経営内容の刷新であり，もう1つが労働の質の向上である。ここでは，労働の質の改善について考察する。

労働の質の改善にとって最も重要なことは人材育成である。企業自体が社員に求めるものをみても，生産性向上のために人材能力の開発を重視していることがわかる。しかも，これは正規雇用者だけでなく，非正規雇用者も同様である。とくに，新たな成長のために雇用の流動化による労働力の効率的配分を促進するためには，転職先の仕事に応じた能力開発が必要となる。そのためには，まず第一に雇用責任として企業自体が従業員の能力開発支援に取り組む必要がある。しかも，それは正規の社員だけでなく非正規雇用者も含むものでなくてはならない。そのことが結果として労働の質を高めることになり，労働生産性の向上を通じて企業の収益拡大にもつながることになる。すでに述べたように，従来のような大企業製造部門の利益増大による経済全体への所得・雇用の波及効果が期待できない以上，各分野の企業レベルでの生産性向上が必要となる。

賃金の引き上げに関して雇用者としての企業が配慮すべきもう1つの課題は，労働に応じた適正賃金の支払いということである。これはとくに女性労働に当てはまる。図8-10でみたように，非製造業での雇用形態の特徴は女性労働の割合が高いということである。しかもその多くはパートを中心とする非正規雇用である。女性は正社員であっても賃金が男性に比べて低い。パートにおいても賃金は極めて低い水準に抑えられている。ここには，賃金格差の是正のためにも女性の仕事への低い評価を見直し，同一労働価値に対し同一賃金を支払うペイエクイティ原則を導入する必要が求められる[10]。なお，女性労働の増加は，消費需要の拡大が期待できるという面もある[11]。

さらには，賃金格差是正の一環として，最低賃金の引き上げも検討すべき課題である。これについては，労働市場が賃金によってその需給を調整するために，賃金引き上げが労働需要の減退を招き，失業を増加させる可能性があると

第8章　産業間の労働移動と賃金格差 | 141

いう指摘もある。ただし，最低賃金の引き上げは必ずしも雇用を減らすとは限らないという見方もある[12]。ここでは，最低賃金の引き上げが生産性の高い分野への事業転換を生み出す可能性を考える。最低賃金の引き上げは，企業にとって生産の効率化を迫られるので，労働力を低生産性部門からより高い生産性部門に移動させる要因になるということである。それが低生産性部門の再編を促すことができれば，生産性の底上げをもたらす効果を期待できる[13]。生産性の上昇が賃金の引き上げを可能にすることはすでにみたとおりである。それゆえに，最低賃金の引き上げが非正規雇用の賃金を引き上げ，正規・非正規間の，さらには製造業と非製造業の間の賃金格差を是正する効果も期待できるといえる。

　これについては，最低賃金の引き上げが経済成長にプラスに作用している事例として，イギリスの例をみることができる。イギリスは，1980年代においてサッチャー政権のもとで，市場経済化を推し進めた結果として所得格差が大きな社会問題となった。この問題への対応を迫られたイギリスは，1990年代末に全国最低賃金制度を導入し，最低賃金の引き上げを行った。1998年に全国最低賃金法が制定され，これにもとづいて1999年に最低賃金制度を導入した。この制度により，時給は22歳のケースで1999年当初の3.6ポンドから毎年引き上げられ，2007年で5.52ポンドまで引き上げられている。この最低賃金制度の導入以降，経済成長率は2％前後で堅調な値を示しており，実質賃金も生産性も安定した伸びを示しているが，それを可能にしたのが各種の多様な職業訓練の機会の拡大である。その結果，拡大していた所得格差が縮小傾向を示している[14]。この間における制度の変更や労働市場の変化等，考慮すべき側面は多々あるが，最低賃金の引き上げを行う場合には参考になる事例と考えることができる。

7．おわりに

　本稿では，製造業と非製造業の間における賃金動向の違いに焦点を当てて，賃金格差の問題を考察してきた。2000年以降，グローバル化の進展にともなっ

て海外移転による製造業での雇用減少と非製造業での雇用拡大が賃金の面で逆の動きを示していることを実証分析を通じて確認してきた。さらに，両産業間における賃金の格差拡大が正規雇用と非正規雇用という雇用形態の違いにもとづくものであり，さらにはそれが労働生産性の違いと関係することを考察してきた。また，女性雇用比率の違いも産業間賃金格差の一因となることをみてきた。

　現代における賃金格差を見る場合，非正規雇用に注目することが必要であると考えられるが，それをどのような視点から考察するかがより重要である。本稿ではそれを産業間の労働移動と労働生産性の視点から見てきた。本論でも指摘したように，賃金格差是正の方策として，正規・非正規を問わず労働の質の向上を通じた生産性の上昇が必要である。そのためには，まずは人材育成の努力が企業に求められる。ただし，中小企業に目を向けると，社員の人材教育に十分な費用と時間をかける余裕がない点は考慮する必要があろう。

　そうしたことも踏まえて，また，企業の自主性に任せるだけでは能力開発のチャンスに恵まれない非正規雇用者に対して，資格の取得も含めて実践的な職業能力を身につけることができるような社会的な仕組みの整備が求められる。また，職業訓練の場としての教育訓練を実施する場合に，非製造業の多様な就業形態に対応できるような訓練の多様化も必要である。いずれにしても，非正規雇用者が定型的な単純作業から抜け出て，能力を高めるシステムを構築していかないと，労働生産性が向上しないために低賃金という貧困の罠から脱出できず，賃金格差を埋めることができない。同時にそれは労働者を雇う企業にとっても生産・販売の両面で経営の停滞を招くことになる。それゆえ，人的資源としての労働力の質の向上が労働者自身にとっても，また経済全体にとっても重要な意味をもつといえる。

【注】

1）本論文における図8−1〜図8−10の作成については，JR東日本株式会社勤務の小島光司君（平成24年度卒業）の協力を得ている。

第8章　産業間の労働移動と賃金格差 ｜ 143

2）これについては，吉川　洋（2013年）においても同様のアプローチが取られている。現代のマクロ経済分析においては，フルコスト原理にもとづく価格決定の方法が，製品価格の決定を説明する上で現実妥当性をもつとの共通の認識が得られていると考えることができる。

3）賃金の動きについてのこの分析は，『労働経済白書』平成26年版における分析結果と整合的である。同白書の37頁，図第1－(2)－7図参照。

4）製造業における雇用減少が景気変動による一時的な現象ではなく，構造的なものであるという見方については，野口悠紀夫（2014年）参照。

5）これに関する対応策として考えるべきは「同一労働・同一賃金」の実現である。これについては，橘木俊詔（2006年），162頁参照。

6）内閣府『男女共同参画白書』平成25年版，80頁。

7）これに関しては，1990年代の景気低迷が，労働分配率の上昇による資本収益率の低下のために投資の拡大が抑制されたことによるとして，それを「利潤圧縮メカニズム」とよんだ橋本寿朗（2002年）の分析は，賃金の引き上げの可能性を検討する場合に注目に値する。

8）これについては，吉川　洋（2003年）を参照。吉川は成長会計の考え方を用いて，経済成長を左右する要因として資本設備の増加と技術革新の効果を重視している。

9）高橋伸彰（2012年）は，現代の日本においては，生活水準を下回るような低い賃金で働かざるえない人々がいることを指摘し，これを「非自発的雇用」と呼んでいる。非正規雇用者の現実を考察する場合に高橋の指摘は考慮すべき意味をもつといえる。

10）これについては，熊沢　誠（2000年）における解説と問題提起が重要である。

11）これに関しては，関谷喜三郎（2013年）を参照されたい。

12）橘木俊詔（2006年），166頁参照。

13）最低賃金の引き上げと生産性上昇の関係については，山田　久（2008年）参照。

14）これについては，田口典男（2000年）参照。

[参考文献]

［1］小越洋之助監修（2012年）『デフレ不況脱却の賃金政策』新日本出版社。

［2］熊沢　誠（2000年）『女性労働と企業社会』岩波新書。

［3］黒田祥子・山本　勲（2006年）『デフレ下の賃金変動』東京大学出版会。

［4］関谷喜三郎（2012年）「経済活動からみた格差社会の諸問題」『消費経済研究』第1号，日本消費経済学会。

［5］関谷喜三郎（2013年）「雇用形態と消費需要—女性の労働市場と消費行動」『消費経済研究』第2号，日本消費経済学会。

［6］高橋伸彰（2012年）『ケインズはこう言った』NHK出版新書。

［7］ 田口典男（2000年）「イギリスにおける賃金審議会の廃止と全国最低賃金制度の導入」『大原社会問題研究所雑誌』No.502。

［8］ 竹信三恵子（2009年）『ルポ雇用劣化不況』岩波新書。

［9］ 橘木俊詔（2006年）『格差社会』岩波新書。

［10］ 野口悠紀雄（2014年）『変わった世界　変わらない日本』講談社現代新書。

［11］ 橋本寿朗（2002年）『デフレの進行をどう読むか』岩波書店。

［12］ 深尾京司編著（2009年）『マクロ経済と産業構造』慶応義塾大学出版会。

［13］ 細野　薫（2008年）『いまこそ学ぼう　マクロ経済学』日本評論社。

［14］ 山田　久（2008年）「最低賃金の見直しと成長持続・所得底上げに向けた戦略」日本総研『Business&Economic Review』，2008年3月号。

［15］ 吉川　洋（2003年）「創刊80周年記念論文9：新しい需要を創る不断の努力を」『エコノミスト』，2003年6月10日号。

［16］ 吉川　洋（2013年）『デフレーション』日本経済新聞出版社。

［17］ 厚生労働省編　平成22年版『労働経済白書』。

［18］ 厚生労働省編　平成25年版『労働経済白書』。

［19］ 厚生労働省編　平成26年版『労働経済白書』。

［20］ 内閣府　平成25年版『経済財政白書』。

［21］ 内閣府　平成26年版『経済財政白書』。

第9章　消費需要の低迷とマクロ経済

1．はじめに

　本章では，マクロ経済学の視点から我が国における消費需要の現状を考察した上で，家計の消費・貯蓄行動から消費低迷の要因を明らかにするとともに，雇用構造の変化を踏まえて，賃金の動向が消費需要に与える影響を分析する。

　マクロ経済において，消費は総需要の約6割を占める[1]ものであり，国民所得の水準を左右する重要な要因とみなされている。しかも，従来，消費は投資に比べて所得の変動に対してそれほど大きな変化を示さないために，景気変動に対して総需要の安定化要因となりえると考えられている。とくに，景気後退期においては，所得に比べて消費の変動が小さいために，総需要を下支えする役割を果たすことが期待ができる。このことは，所得に対する消費の動きを表す平均消費性向からも推察することができる。一般に，景気後退期には所得は低下する傾向にあるが，消費は所得ほど大きく変化しない。そのため，平均消費性向は上昇することになる。これは，消費の安定化が総需要の低下を補整し，景気の低迷を下支えする効果を持つことを意味する。この景気安定化要因としての消費の存在が，マクロ経済の安定化にとって極めて重要な役割を果たしている。

　しかし，バブル崩壊以降，現在にいたるまで，景気の拡大局面において消費需要が低下することで，家計の消費行動が景気の不安定化を促進する傾向がみられている。このことは，マクロ経済における消費動向の変化およびその要因について再検討の必要があることを示唆している。

2．消費需要の現状

（1）実質可処分所得と消費支出

　2012 年 10 月以降，アベノミクスの 3 本の矢である「大胆な金融政策」，「機動的な財政政策」，「民間投資を喚起する成長戦略」の 3 つの政策の影響もあり，景気は緩やかな拡大傾向にある。とくに，第一の矢である人々の期待に働きかける異次元の金融緩和政策は為替レートを円安方向へ誘導し，株高をもたらした。円安は企業業績の拡大をもたらし，輸出関連企業を中心に株価を上昇させることになった。この株高は，資産効果による消費支出の増加を生み出し，景気回復に寄与したとみられる。

　しかし，国民経済全体からみた消費の動きは必ずしも企業業績の変動とパラレルに動いているわけではない。図 9 − 1 には，実質可処分所得と実質消費支出の動きが示されているが，ここからわかるように，2000 年以降の家計の実質所得と消費支出のトレンドをみると，勤労者世帯 1 世帯当たりの実質可処分所得は低下傾向にあり，それに連動して実質消費支出も低下を示している。とくに，消費税引き上げ後の 2014 年以降，実質所得も実質消費も落ち込んでいる。

（2）平均消費性向

　次に，消費の動向を確認するために，経済活動の状況に応じて変化する家計の消費行動を表す平均消費性向の動きを見てみる。図 9 − 2 には，我が国における過去 10 年間の平均消費性向の推移が示されている。これによると，リーマン・ショック後に低下した平均消費性向は，2011 年の東日本大震災以降，わずかに上昇傾向を示したが，2014 年以降は再び低下傾向にある。

　また，図 9 − 3 に示されるように，所得階層別の平均消費性向の動きを見ても，2014 年以降，各階層を問わず横ばいないしは低下の傾向がみられる。近年，雇用環境が改善するなかで，平均消費性向が低下傾向を示すことについては検討を要すると思われる。

　マクロ経済において消費の動きを説明する消費関数の仮説の 1 つである相対

第9章 消費需要の低迷とマクロ経済 | 147

図9−1 消費支出の低迷（二人以上の世帯のうち勤労者世帯）

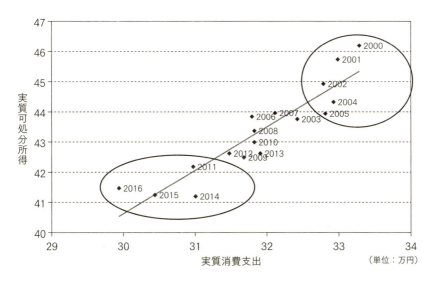

備考：1．実質可処分所得および実質消費支出は，各年の1カ月あたりの平均額で，両値とも名目値を消費者物価指数で除して算出している。
　　　2．消費者物価指数は2010年基準を採用。
出所：「平成28年家計調査≪家計収支編≫」，「消費者物価指数」より作成。

所得仮説によると，家計は一時的な所得の変動に対して消費を平準化するように支出を行うために，所得が増加する局面では平均消費性向は低下する傾向があり，一方所得が低下する場合には上昇すると考えられる。所得が低下しても平均消費性向が低下しないのは，家計が所得の低下を一時的なものと見なすために，習慣的な消費の水準を所得の低下に合わせて落とさないためである。ただし，所得が低下する局面でも，平均消費性向が低下する場合がある。それは，家計が所得の低下を一時的なものと見ずに，将来の所得増加の期待が持てない場合である。こうした場合には，所得の低下が消費の低下を誘引するために平均消費性向は低下することになる。先に示した図9−1における消費支出の減少は，まさにこのことを示している。このような状況での消費支出の減少による平均消費性向の低下は，相対所得仮説が示唆するラチェット効果による

図9-2 平均消費性向の推移

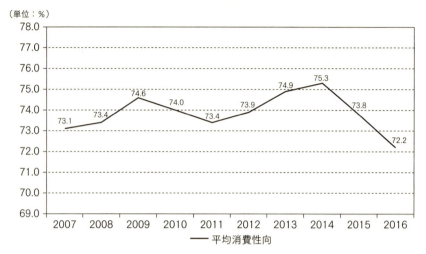

出所:「平成28年家計調査年報≪家計収支編≫」より作成。

図9-3 年間収入五分位別の平均消費性向

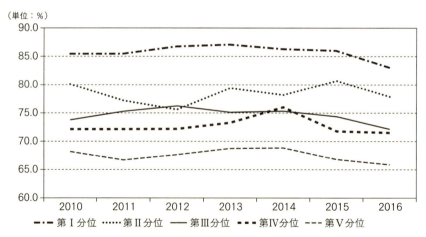

(注) 第Ⅰ分位は0～約340万円，第Ⅱ分位は約340～450万円，第Ⅲ分位は約450万円～約590万円，第Ⅳ分位は約590万円～約830万円，第Ⅴ分位は約830万円以上で分類される。
出所:「平成28年家計調査年報≪家計収支編≫」より作成。
   http://www.stat.go.jp/data/kakei/longtime/index.htm#time

第9章　消費需要の低迷とマクロ経済 ｜ 149

消費需要の景気安定化の効果が十分に機能していないことを意味する[2]。そこで，次にこのような消費支出の低迷をもたらす要因を賃金および雇用構造の側面から考察する。

3．消費需要低迷の要因分析

（1）実収入と消費支出

　消費需要は，家計が得ることのできる実収入の大きさに左右される。その収入はさまざまな形態から成るが，マクロの消費関数[3]が示すように，消費を左右する基本的な要因は現在および将来において継続して受け取ることができると期待できる恒常所得にあると考えられる。これは，ミルトン・フリードマ

図9－4　消費支出と実収入の推移（二人以上の世帯のうち勤労者世帯）

（単位：指数）

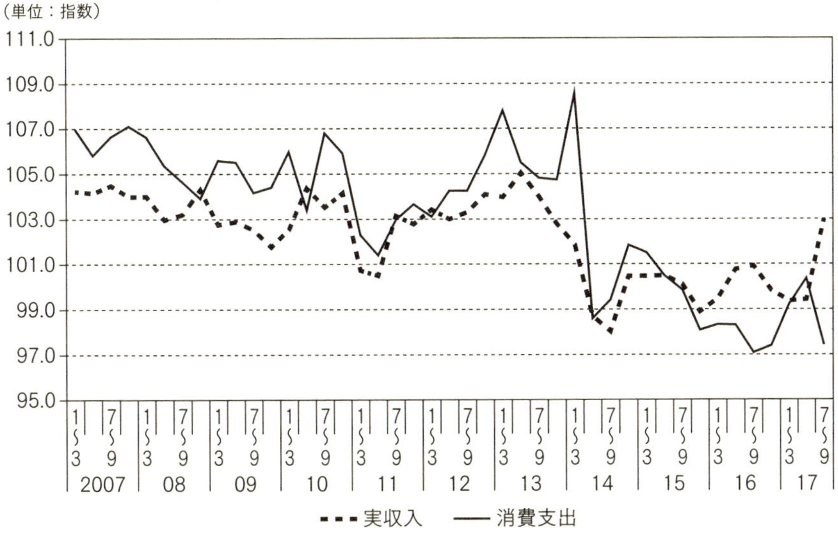

出所：「平成28年家計調査年報《家計収支編》，二人以上の世帯のうち勤労者世帯」（四半期別，実質値，季節調整済）（2015年基準，2015年＝100）より作成。
http://www.stat.go.jp/data/kakei/longtime/index.htm#time

ンによって展開された消費に関する恒常所得仮説の考え方に従うものである。

　まず，実収入の動きをみていく。図9－4には，勤労者世帯の消費支出と実収入の推移が示されている。これによると，2008年のリーマン・ショック後，家計の実収入は低下したが，2011年から13年にかけて回復している。しかし，14年から16年には低下と上昇を示すという不安定な動きを見せている。消費支出の動きをみると，長期的には実収入の動きに対応しているといえる。ただし，短期的には実収入の動きから乖離する場面もみられる。図9－4の中でそれがみられるのは，2014年4月の消費税引き上げの直前にみられた駆け込み需要の増大と15年から16年にかけての消費の落ち込みである。

（2）雇用者報酬および現金給与

　次に，家計の実収入の動きを左右するものとして，企業における収益の動向を基礎にしながら，雇用者報酬の推移および恒常的な所得の動きを表す現金給与の動向に注目する。アベノミクスの影響もあり経済は回復基調にあり，企業

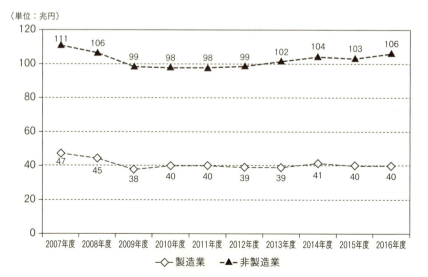

図9－5　企業の売上高（全規模）

出所：財務省「法人企業統計」より作成。

第9章　消費需要の低迷とマクロ経済 | 151

図9－6　経常収益の推移（全規模）

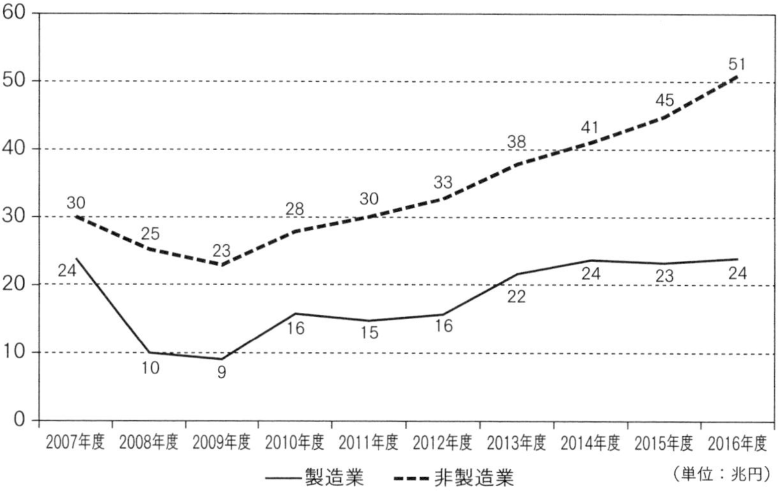

出所：財務省「法人企業統計」より作成。

の業績は拡大の傾向を見せている。図9－5および図9－6に示されるように，リーマン・ショックの混乱を克服して以降，製造業・非製造業ともに売上高も経常収益も増加を示している。

　労働者への分配を示す雇用者報酬の動きをみると。図9－7に示されるように，たしかに企業収益の増加を反映して2010年以降増加傾向にある。ただし，雇用者報酬には企業の役員の報酬も含まれているので，その増加は必ずしも一般労働者の賃金上昇に結びつかない。

　そこで，賃金を通じた労働者の所得を表す現金給与の動きをみると，図9－8に示されるように，必ずしも企業業績の向上を反映したものとはなっていない。現金給与は基本給のように定期的に支給される所定内給与とそれ以外の所定外給与および特別に支払われるものから構成される。図9－8には，それらの動きに加え，現金給与総額の動きも示されている。ここには，2011年以降，全体として現金給与総額の伸びが低く，とくに所定内給与の動きが小さいことが示されている。そこからわかることは，労働者にとって消費をする上で基本

図9-7 雇用者報酬（単位：10億円，対前年度比は%）

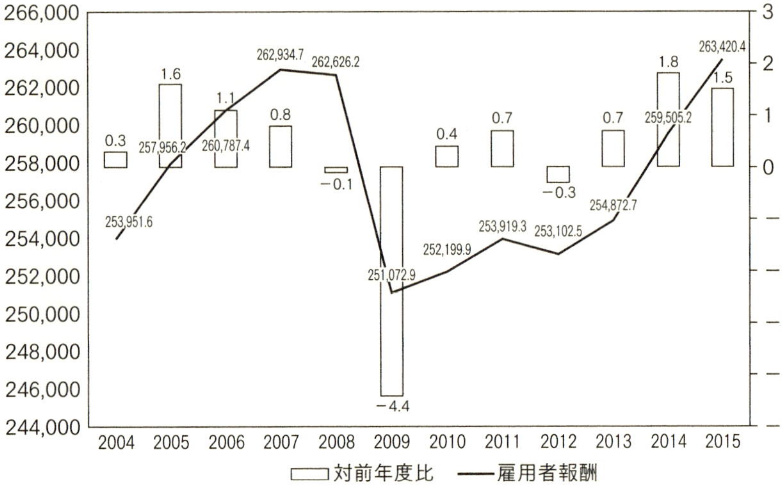

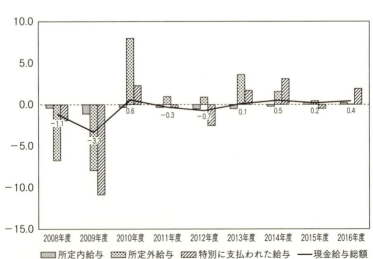

出所：内閣府「国民経済計算」より作成。

図9-8 現金給与の動向（対前年度増加率，単位：%）

出所：厚生労働省「毎月勤労統計調査」より作成。

となる所定内給与は企業収益増加の恩恵を受けていないということである。

(3) 雇用構造の変化と賃金

これまで現金給与の動きをみてきたが，労働者の賃金は雇用状況に大きな影響を受ける。一般に失業率が増加するような状況では賃金は停滞せざるをえないが，好況になり雇用が増加する場面では賃金も上昇するとみられる。そこで，次に雇用の状況についてみていく。

雇用情勢については，緩やかな景気回復基調を背景として改善がみられる。『平成29年版経済財政白書』によれば，完全失業率は2015年度に平均3.3%となり19年ぶりの低い水準となっている。また，有効求人倍率も2015年度平均で1.23倍となり，24年ぶりの高水準となっている[4]。

このように雇用は改善し，失業率も低下しているが，雇用増加の内訳をみてみると，その多くはパートや派遣等の非正規雇用によって構成されている。雇

図9－9　労働者に占める正規雇用・非正規雇用の割合の推移

出所：総務省統計局「労働力調査」より作成。

用増加の背後には、企業の労働力不足感の高まりがあるが、企業はそれを労働時間の延長といった形で調整するのではなく、人員の増加で調整しようとしている。しかも図9－9に示されるように、その多くは非正規雇用によって補充されている[5]。

景気回復による雇用状況の改善が非正規雇用の増加で賄われる場合には、労働者の所得の増加に繋がらない。それは結果として家計の所得格差の拡大をもたらすとみられる。このことは多くの研究によって実証されている（太田(2009), Lise et al. (2014)）。

また、児玉他（2017）は、1989年から2013年にかけて、景気変動と労働者間の年収格差について分析を行い、1997年以降、リストラや大量失業を背景として労働市場に構造変化が生じ、企業にとって雇用調整による業務量の調整が行いやすくなったために、残業時間でなく非正規の雇用で調整するようになったと指摘している[6]。

非正規雇用の問題の1つは賃金の低さにある。「同一労働・同一賃金」の実現が求められているが、依然として正規労働者と非正規労働者の間には大きな

図9－10　非製造業での雇用増加

出所：総務省統計局「労働力調査」より作成。

第9章　消費需要の低迷とマクロ経済 | 155

賃金格差がある[7]。さらに，産業構造の変化も賃金低迷の一因となっている。リーマン・ショック後の傾向として，製造業の雇用が減少する一方で非製造業の雇用が増えている。とくに，飲食，介護，医療の場面で人手不足が生じており，雇用は増加している。通常，労働市場においては，労働需要が高まるにつれて賃金は上昇していくと考えられるが，実際には，労働需要の少ない製造業で賃金が上がり，労働需要の多い非製造業では賃金が低迷している。このため，図9－10に示されるように，賃金の上がらない非製造で雇用が増えていることも賃金低迷の要因の1つになっているといえる[8]。

4．消費と不確実性

（1）消費者態度指数

　これまでみてきたように，景気拡大局面において企業業績の拡大と雇用の増加がみられるものの，平均消費性向の低下に象徴されるように，消費需要の動きは鈍い。ここでは，家計の消費行動に注目しながら，消費動向を左右する要因を確認する。

　マクロ経済学におけるケインズ型消費関数が教えるところでは，消費は所得と消費性向によって決まる。所得の動きについてはすでに述べたので，ここでは平均消費性向の動きが意味することについてみておく。平均消費性向は，所得に占める消費の割合のことであり，所得に対して消費者がどのくらい消費しようとしているかを示すものである。それは将来に対する消費者の見方によって異なる。もし将来において雇用・所得の安定的増加が期待できるとすれば，消費は高まり，それが平均消費性向の上昇をもたらすといえる。しかし，もし将来の所得が期待できない場合には，消費を控えて貯蓄を増やすと考えられる。この場合には，平均消費性向は低下する。

　このように，家計の消費態度が楽観的であるか，悲観的であるかによって消費性向に違いが出るが，それを示す指標の1つは，消費者態度指数である。図9－11には，内閣府の「消費動向調査」に基づいて作成された消費者態度指数が示されている。消費者態度指数は消費動向を指数化したものであり，数値

図9－11　消費者態度指数

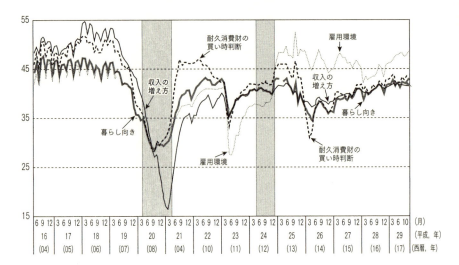

（注）1．シャドー部分は景気後退期を示す。
　　　2．平成16年度（2004年度）から平成18年度（2006年度）までの6,9,12,3月は訪問留置調査，それ以外の月は電話調査（ただし，平成16年4月は訪問留置調査）。平成19年度（2007年度）から平成24年度（2012年度）までは毎月訪問留置調査，平成25年度（2013年度）から郵送調査で実施。
出所：「消費動向調査」。
　　　http://www.esri.cao.go.jp/jp/stat/shouhi/this_year/201710shouhi.html

が上がることは消費者の購買意欲の高まりを示すことになる。これをみると，直近の2017年8月以降は結果として消費者態度指数の上昇がみられる。しかし，もう少し時間を長くとってみると，消費者態度指数に大きな変化はみられず，2008年のリーマン・ショック以前の水準に戻ることなく低迷を続けている。これは平均消費性向の低下を裏付けるものであり，消費者の将来に対する見通しが不確かなことを意味するといえる。

（2）期待恒常所得
　これまで述べたように，家計は受け取る所得のうち恒常的に獲得できる所得

第9章 消費需要の低迷とマクロ経済 | 157

に基づいて消費を行うと考えられる。これに対し，何かの理由で一時的に得られる所得については貯蓄に回す傾向が強い。つまり，日常的な消費は毎月の給与といった確実に得られると期待される所定内給与に基づいてなされるということである。

すでにみたように，恒常的な所得を示す所定内現金給与としての賃金支払いの現状をみると，それほど上昇がみられない。一方，人々の消費には日常の支出に加えて，人生の各段階で必要となる結婚，出産，育児，教育，住宅購入，老後の医療・介護といった支出も加わることを考慮すると，消費は，現在のみならず将来におけるライフイベントに応じて計画的に行う必要がある。そのために，経常的な消費は現在だけでなく将来得られると予想される期待恒常所得に大きく制約されると考える必要がある。確かに，足元の雇用環境は好転しているが，産業構造がサービス業を中心とした産業に変化していく中で，年功賃金，終身雇用が揺らぎ，期待恒常所得の不確実性は高くなっている。将来消費の裏付けとなる期待恒常所得の不確実性の高まりは，まさに消費者態度指数の低迷と表裏の関係にあり，現在の消費を低迷させる要因となり得る。

（3）公的負担と可処分所得

国民経済の観点からみると，家計の所得は経済活動の結果として生み出された付加価値のうちの労働分配分から成るが，国民経済計算に従うと，より正確には純付加価値のうち要素費用表示の国民所得から法人企業に帰する分を差し引き，さらにここから社会保険料負担金および直接税を差し引き，政府からの移転支出を加えたものである。これが可処分所得であり，実際に家計が消費と貯蓄に使うことのできるものである。

消費需要の動向を見る場合，この可処分所得の動きを見ることも重要である。今日，少子高齢化の進展により，社会保障関係費の増大による財政赤字の増大が問題となっているが，それが家計による社会保険料負担や税金の負担を増加させている。

たとえば，2004 年の年金改革により，2004 年から 2017 年 9 月まで厚生年金の保険料率が毎年 0.354% ずつ引き上げられ，18.3% まで引き上げられてい

る[9]。また，大企業の従業員が加入する組合管掌健康保険でも，後期高齢者医療への支払いに伴う財政悪化のために保健組合の保健料率が引き上げられている。税負担に関しても，2013年1月から東日本大震災の復興事業の財源として，復興特別所得税（所得税額に対して2.1%の付加税）が課されている。また，上場株式等の配当や売却益に課される税率も10%から20%に引き上げられている。さらに，2015年から4,000万円超の所得に対する最高税率が45%に引き上げられている。

こうした保険および保健料率の引き上げや所得税の増税措置は，家計の収入全体に対する公的負担金の割合を上昇させ，可処分所得の伸びを抑制することになっているとみられる。家計の消費が自由に処分しうる可処分所得に基づいてなされることを考えると，公的負担の増加も消費需要低迷の一因であるといえる。

（4）予備的動機による貨幣需要

消費の低迷を説明するもう1つの要因として，家計の貯蓄行動を見ておく必要がある。所得の不確実性や公的負担の高まりが想定される状況では，消費を抑えて将来に備えた貯蓄の増加が必要となる。予備的動機による貨幣需要の高まりである。こうした動きは消費を抑制する要因となりうる。また，長期に渡り物価が上昇せず，デフレ解消が見通せない状況では，貨幣の実質価値が高まるために，消費を先送りし，貨幣保有増加の動機を強めると思われる。

表9－1および表9－2に示されるように，家計は所得の伸びが緩慢な中で貯蓄を増やしている。また，家計の金融資産の構成をみると，依然として預貯金に偏っている。これは，超低金利のもとで家計の資産収入が全く期待できないことを意味している。一般に，失業，賃金下落のために労働所得が低下する場合，金融資産の収入が一種のバッファーとして家計の所得および消費の安定に寄与すると期待できる。しかし，資産収入が期待できない日本の家計は将来に備えて貯蓄を確保するしかないために，結果として消費を抑えざるをえない。

第9章　消費需要の低迷とマクロ経済 | 159

（5）家計にとっての不確実性

　将来の不確実性が経済活動を不安定化させることを指摘したのはケインズである。ケインズは『雇用・利子および貨幣の一般理論』において，将来の不確実性は予想収益を低下させるために，不確かな将来の見通しに対処するために，企業は投資を控え貨幣を保有しようとすると指摘した。しかもそうした貨幣需要の増加が利子率の低下を阻むために，投資がさらに抑制され，結果として有効需要の不足により経済活動は停滞せざるを得ないと説いた[10]。

　ケインズは将来の不確実性が企業の投資行動にとって大きな制約要因となることを強調したが，将来の不確実性は企業行動だけに作用するものではない。家計もまた将来の不確実性によってその行動を左右される。家計にとって生活設計を確実なものにするのは恒常所得の動きである。毎月，一定の給与が受け取れると期待できるからこそ安心して消費を行うことができる。その意味で，期待恒常所得が安定的に見込めることが家計の将来をより確実なものにしてく

表9−1　家計の貯蓄現在高の推移（二人以上の世帯）

年次	貯蓄現在高	年間収入	対前年増減率		貯蓄年収比	貯蓄保有世帯の中央値
			貯蓄現在高	年間収入		
	（万円）	（万円）	（％）	（％）	（％）	（万円）
2007	1,719	649	− 0.2	0.6	264.9	1,018
2008	1,680	637	− 2.3	− 1.8	263.7	995
2009	1,638	630	− 2.5	− 1.1	260.0	988
2010	1,657	616	1.2	− 2.2	269.0	995
2011	1,664	612	0.4	− 0.6	271.9	991
2012	1,658	606	− 0.4	− 1.0	273.6	1,001
2013	1,739	616	4.9	1.7	282.3	1,023
2014	1,798	614	3.4	− 0.3	292.8	1,052
2015	1,805	616	0.4	0.3	293.0	1,054
2016	1,820	614	0.8	− 0.3	296.4	1,064

出所：「平成28年版家計調査年報（貯蓄・負債編）」，4頁。

160

表 9 − 2　貯蓄の種類別貯蓄現在高の推移（二人以上の世帯のうち勤労者世帯）

年　　次	貯蓄現在高	金融機関	通貨性預貯金	普通銀行等	郵便貯金銀行	定期性預貯金	普通銀行等	郵便貯金銀行	生命保険など	有価証券	株式・株式投資信託	貸付信託・金銭信託	債権・公社債投資信託	金融機関外
						金　　額　（万円）								
2011 年	1,233	1,179	263	204	59	473	322	151	328	114	77	7	30	54
2012	1,233	1,177	279	216	63	479	329	150	313	105	67	5	33	56
2013	1,244	1,181	295	231	64	450	309	141	320	116	80	6	29	63
2014	1,290	1,233	308	245	64	469	323	146	320	136	101	6	29	57
2015	1,309	1,250	324	257	68	470	324	146	310	146	113	7	26	59
2016	1,299	1,241	339	272	67	439	302	137	314	149	115	12	22	59
						構　成　比　（%）								
2011 年	100.0	95.6	21.3	16.5	4.8	38.4	26.1	12.2	26.6	9.2	6.2	0.6	2.4	4.4
2012	100.0	95.5	22.6	17.5	5.1	38.8	26.7	12.2	25.4	8.5	5.4	0.4	2.7	4.5
2013	100.0	94.9	23.7	18.6	5.1	36.2	24.8	11.3	25.7	9.3	6.4	0.5	2.3	5.1
2014	100.0	95.6	23.9	19.0	5.0	36.4	25.0	11.3	24.8	10.5	7.8	0.5	2.2	4.4
2015	100.0	95.5	24.8	19.6	5.2	35.9	24.8	11.2	23.7	11.2	8.6	0.5	2.0	4.5
2016	100.0	95.5	26.1	20.9	5.2	33.8	23.2	10.5	24.2	11.5	8.9	0.9	1.7	4.5

出所：「平成 28 年版家計調査年報（貯蓄・負債編）」，8 頁。

れるということである。

　しかしながら，現実には貨幣賃金は必ずしも確実ではなくなっている。終身雇用が崩れ，年功賃金も変化しつつある中で，労働者は将来における恒常所得の獲得に楽観的な見通しを持ちにくくなっている。しかも，高齢社会を迎え，退職後の医療・介護の費用を準備する必要にも迫られている。こうした状況では，将来に備えて自己の生活を防衛するために貯蓄せざるをえない。こうした予備的動機に基づく貯蓄は消費を抑制する要因となる。

　さらに，非正規雇用の労働者の賃金をみると，正規雇用者に比べて大きな賃金格差があり，場合によってはワーキング・プアーといわれるように，きわめて劣悪な賃金で働かざるをえない場合もある。その状態は非自発的雇用と呼ぶのがふさわしいような状況である。しかも，非正規労働者の雇用は有期契約であるために，いつ職を失うかもしれないという心配がある。このような条件の

第9章　消費需要の低迷とマクロ経済 ｜ 161

下では，非正規雇用者にとっては所得の制約が直接に消費を制約することになる。とくに，非正規労働者が労働者全体の4割近くを占める現状では，正規雇用と非正規雇用という労働市場の2極化が消費を制約する。

（6）高齢社会と消費の不確実性

　企業の投資と同様に家計の消費も将来の不確実性に大きな影響を受ける。とくに，注目すべきは高齢者の消費である。少子化により人口減少が問題になっているが，人口問題は，労働力の減少を通じて経済活動に影響するだけでなく，消費動向にも大きく関係する。地方から都市への人口流出により，地方の消費減少が商店街を衰退させていることからもわかるように，人口の減少は消費の減少と密接に関係している。

　日本は，全体として人口が減少しているが，人口構成をみると人口が増加している年齢層もある。それは65歳以上の高齢者である。総務省統計局によると2018年の我が国の総人口は，1億2,660万人であり，2011年以降，減少傾向を示している。そうした中で，人口を年齢構成別にみると，65歳以上人口は一貫して増加傾向にある。65歳以上の高齢者は2017年で3,392万人であり，高齢化率は26.7％である。国立社会保障人口問題研究所によれば，2060年には高齢化率が40％近くまで上昇すると見込まれている。これは，少子化により若年層が減少する一方で，団塊の世代が高齢者となっているためである。

　これを消費の面からみると，人口のボリュームが大きい高齢者の階層に消費の増加が期待できるということである。もちろん，消費には原資となる資産が必要となるが，高齢者は就労期に貯えた貯蓄に加えて，退職金があり，さらには年金収入がある。また，相続による資産の増加もある。その結果として，高齢者は就労期の世代に比べて多額の資産を保有している。総務省統計局の2014年の全国消費実態調査によれば，家計資産は30代未満では1,221万円，30代では2,279万円，40代では2,925万円，50代では4,068万円，60代では5,070万円，70代では4,874万円となっている。このように，60歳代までは年齢が上がるにしたがって保有資産額が増加している。

　資産のうち，住宅や宅地といった実物資産は流動性が低いために，消費の原

資としてはそれほど有効ではない。消費に使われるのは流動性の高い有価証券や現金・預貯金といった金融資産である。そこで，高齢者の金融資産保有高をみると，2017年の総務省家計調査によると高齢者世帯の平均は2,384万円であり，高齢者の34％が2,500万円以上の金融資産を保有している。また，4,000万円以上の世帯も17.6％ある。ここから，高齢者世帯は多額の金融資産を保有していることがわかる。退職後の高齢者はこうした資産を取り崩すことによって生計を賄うことになる。

　ライフサイクル仮説は，人々が就労期に貯えたお金を退職後に使い切ると仮定しているが，現実には，多くの高齢者が資産をできるだけ使わないようにしている。それこそが高齢者の保有資産を高い水準に留めることになる。しかし，これを消費の面から見れば，消費が必要以上に抑制されているということである。高齢者は資産を保有しながら，なぜそれを使おうとしないのか。2017年の金融広報中央委員会の「家計の金融行動に関する世論調査」によると，金融資産の保有目的の69.2％が「老後の生活資金」であり，62.8％が「病気や不時の災害への備え」である。そのいずれも老後の生活不安である。こうした動機による資産の保有動機は，就労期よりも労働所得のなくなる退職後の方がより強まると思われる。

　ここでの問題は，年金が不十分な中で，平均寿命の延びによって退職後に保有資産によって生活費を賄う期間が伸びているということである。医療・介護についての社会保障が十分でない上に家族との同居も期待できない現状では，老後の生活を自分自身で支える必要がある。それゆえ，老後の生活期間が長くなればなるほど，その期間に必要なお金を賄うために，消費を抑制せざるをえない。ここにあるのは「死亡年齢の不確実性」による消費の低迷である[11]。ケインズは，投資の不確実性を金利低下と政府支出の増大によってカバーしようとしたが，高齢社会の不確実性をカバーするのは，社会保障の充実である。さらに，2006年4月から改正高年齢者雇用安定法が制定され，高齢者の就業が進んでいるが，定年により職を失うことになる高齢者の雇用の促進による所得の確保も将来不安の解消に役立つであろう。資産の効率的運用による収入の増大も将来の不確実性をより確実なものにする1つの手段であると思われる。

第9章 消費需要の低迷とマクロ経済 | 163

5. 賃金動向の要因分析

これまでみてきたように，消費需要低迷の背景には所得の伸びの停滞があることがわかる。景気が回復する過程で企業収益の増加が生産・雇用の拡大をもたらし，それが家計の所得増加を通じて消費の増加に繋がるなら，有効需要の増加により生産が拡大し，さらに雇用・所得の増加を生み出すという好循環が生じると期待できる。こうしたプロセスによる安定的な経済成長の実現のためには，企業収益の増加が賃金上昇を通じて家計の所得増加に結びつく必要がある。しかしながら，すでにみてきたように，企業業績の向上に比して賃金上昇による家計所得の増加はみられない。そこで，あらためて賃金停滞の要因について分析していく。

（1）非正規雇用の増加と賃金

これまでの分析から，経常収益は増加しており，雇用状況は改善していることがわかるが，それが労働者の所得の増加に結びつかない理由の1つは，非正規雇用の増加にあると考えられる。

マクロ経済学における標準的な理解によれば，賃金水準は労働市場における労働需要と労働供給によって決まる。つまり，労働市場において労働需要が高まれば賃金は上昇すると考えられる。ただし，労働需要の増加に応じて労働供給が増える場合には，賃金は上昇圧力を受けない可能性がある。

近年における人手不足による労働需要の高まりは，本来，正規雇用者の賃金を引き上げると推論できるが，それがパートや派遣といった非正規雇用の増加によって吸収されるとすれば，非正規の形での労働供給の増加が労働市場の需給を調整する役割を果たすことになり，それが正規社員の賃金を一定の水準に留まらせることになると考えられる。このことを確認するために，正規雇用と非正規雇用の賃金の動きをみると，図9−12に示されるように，2005年以降，非正規雇用の賃金は一貫して上昇を続けていることがわかる。これは，非正規労働者に対する労働需要の高まりが賃金の引き上げを生んでいることを示して

いる。この非正規の労働市場における賃金上昇は女性や高齢者による労働供給の増加を生み出しているとみられる。このことは，賃金の変化に対する非正規雇用の労働供給弾力性が大きいということであり，女性および高齢者にはまだ労働供給増加の余地があるということである。一方，正規雇用の賃金はリーマン・ショックを挟んで変化が緩慢であり，雇用増加に対応した動きにはなっていない。

　ここでは，賃金低迷の要因として非正規雇用の増加に注目してきたが，この背後には従来，就業率の低かった女性や高齢者の就業率の高まりがある。それを生み出した要因の1つは，アベノミクスによる女性を中心とする一億総活躍社会の推進や改正高齢者雇用安定法による高齢者雇用の促進である。こうした政策が非正規雇用の増加を後押ししていると思われる。ただし，少子化による

図9－12　雇用形態別賃金及び雇用形態間賃金格差の推移

出所：「平成28年賃金構造基本統計調査」より作成。
　　　http://www.mhlw.go.jp/toukei/itiran/roudou/chingin/kouzou/z2016/index.html

生産年齢人口の減少が進む中で，女性・高齢者等による非正規雇用の供給が枯渇していく場合には正規雇用者の賃金の上昇が現実化することになると考えられる。

（2）フィリップス曲線からみた賃金

　労働需要が高まる中で，なぜ賃金が上昇しないのかを説明するもう1つの理由として，フィリップス曲線の形状からの説明が可能と思われる。図9－13には，横軸に完全失業率，縦軸に時間当たり所定内給与（前年比），すなわち賃金上昇率が取られている。通常，フィリップス曲線は縦軸に物価上昇率が取られるが，ここでは，オリジナルのフィリップス曲線と同じ失業率と賃金上昇率の関係が示されている。

　この図を見ると，1981年から98年にかけては典型的な右下がりフィリップス曲線が描かれている。A.C.フィリップスが描いたオリジナルなフィリップス曲線も右下がりに描かれていた。これが意味するところは，好景気になり失業率が低下すると労働需要の高まりにより賃金が上昇する一方で，不景気にな

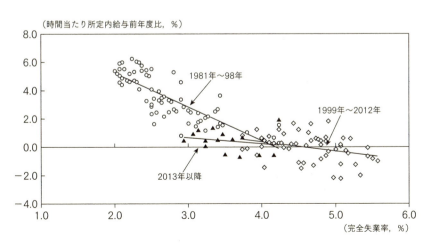

図9－13　賃金上昇率と失業率の関係（フィリップス曲線）

出所：内閣府「平成29年版経済財政白書」，39頁。

り失業率が高まる状況では賃金は低下するというものである。ゆえに，失業率と賃金の動きを表すフィリップス曲線は右下がりの形状を示すことになる。

しかし，2000年以降になると，フィリップス曲線の動きが変則的になっている。図からわかるように，1999年から2012年にかけては，フィリップス曲線が左下方にシフトし，失業率が低下していく中で賃金も下がっていく状況が示されている。これは，労働者が賃金の低下を受け入れることで雇用を確保する行動をとった結果と思われる。2013年以降になると，さらに失業率が下がり，労働需要の高まりを示しているが，賃金の上昇はきわめて緩慢であり，フィリップス曲線はフラット化している。このフラット化したフィリップス曲線が，人手不足の中で賃金が上昇しない現状を示しているといえる。

失業率が低下していく中で賃金，ひいては物価が上昇しないのは，企業自身が経済の持続的な成長に確かな期待が持てず，賃金の引き上げを価格に転嫁することによる売れ行きの低下を懸念している面があると思われる。ここには，賃金抑制による利潤確保が消費需要の低迷を招き，それが将来の売れ行きに対する期待を不確かなものにするという悪循環を生む構図がある。

（3）企業の利益配分と賃金

正規・非正規雇用による労働市場の2極化にもとづく検証およびフィリップス曲線分析に加えて，企業の利益が増加する中で賃金が増加しない第三の理由として，企業の利益配分の問題がある。これは，2002年から2007年にかけての景気拡張局面でもみられたことであるが，大企業を中心として景気拡大にともなう高収益の多くが株主への配当と役員報酬の増加に当てられ，従業員の賃金引き上げには回らなかったということである。さらに，多くの企業が収益の多くを内部留保という形で企業内に貯えている（これについては，図9－14参照）。

景気が拡張局面にあるにも関わらず賃金が伸びない中で，大企業の役員報酬や株式の配当が増加する状況は，ピケティの指摘する所得格差の拡大[12]を助長する点でも問題であるが，家計の経済的安定化にとっても問題である。本来，経済成長は，有効需要の原理にしたがって需要増加 → 生産増加 → 所得増加 → 需要増加 → 生産拡大，というメカニズムが円滑に働いてはじめて持続す

図9－14　企業の内部留保の動向・配当増加の動向

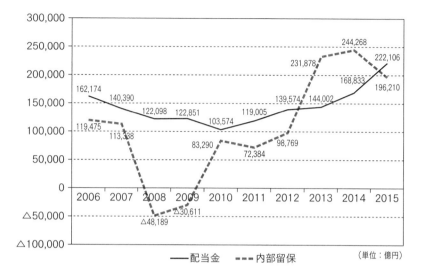

出所：「財政金融統計月報774号」累年比較損益および剰余金の配当の状況（全産業）より作成。

る。これまでみてきたように，非正規雇用の増加および大企業の役員や株主への利益配分の偏向は，企業の業績回復から家計の所得増加への流れを分断し，消費需要を中心とする内需の持続的拡大を不確かなものにする。それは家計の経済的安定性を損ない，結果として経済成長を不安定なものにすることになる。

6．おわりに

　本稿では，マクロ経済の視点から消費需要の現状を考察してきた。日本経済は2012年以降，デフレ脱却を目指すアベノミクスの政策のもとで長期に渡る景気拡大局面を継続している。雇用面でも労働需要の増大により失業率が低下し，有効求人倍率が上昇している。

　こうした景気拡大局面では，企業収益の増加が賃金の上昇を通じて家計の所

得増加をもたらすことにより，消費需要が高まると期待される。消費の増加は有効需要の安定的な増加を生み出すために，それが企業の投資増加を促し，一層の生産拡大をもたらす。その結果，さらに雇用・所得が増加することにより，経済の安定的な成長が促進されるという好循環が生まれると期待できる。

　しかしながら，近年の経済状況をみると，景気拡大による雇用の増加にもかかわらず消費需要は低迷しており，生産増加 → 雇用増加 → 所得増加 → 消費増加 → 生産拡大，というマクロ経済の循環はみられない。本稿では，消費低迷の要因をさまざまな角度から検討してきたが，そこからわかることは，雇用の増加にもかかわらず賃金が伸びないということである。本来，労働市場においては，労働需要が労働供給を上回る限り賃金は上昇するとみられる。しかし，実際には賃金にはたいした増加がみられない。本稿では，賃金低迷には正規雇用と非正規雇用という形での労働市場の分断という構造的な問題があることに注目した。

　また，現代における消費の動向を理解する場合には，その時々の所得の動き以外にも家計を取り巻く経済環境の状況に注意する必要がある[13]。家計も企業と同様に将来の不確実性に晒されており，経済成長の不安定化が家計の不安定化に繋がり，それが経済活動を不確かなものにさせる。ゆえに，家計の経済活動の安定化は日本経済の安定成長にとって重要であるといえる。

【注】

1）2014年度の名目国内総生産（支出側）の構成をみると，民間最終消費支出は293兆2,160億円とGDPの59.9%を占めており，各年でみても，およそ6割で推移している。出所：「平成28年版国土交通白書」，9頁。

2）反対に，所得が減少することにより消費支出の割合が相対的に高まり，結果としてラチェット効果が強まることもある。たとえば，高村（2005年）は，「景気後退期に，なぜ消費が底堅く推移するのかは，可処分所得の減少により基礎的支出の割合が高まり，結果としてラチェット効果が強まっていることが考えられる。」と指摘している。

3）消費の決定要因については，大別して2つの考え方がある。1つは，現在および過去の所得によって，現在の消費が決定されるという相対所得仮説の考え方であり，もう1つ

は，消費は長期間にわたり安定的に獲得できると予想される「恒常所得」に依存するという恒常所得仮説の考え方である。本論では，基本的には，恒常所得仮説に基づいて消費の動きを分析している。

4）出所：「平成29年版経済財政白書」，25頁。

5）非正規雇用の増加に関しては，若年層の正規雇用の離職率が上昇していることもある。正規雇用をいったん外れると，そのまま非正規雇用の状態で労働し続ける場合が多い。

6）児玉・横山（2017年）参照。

7）OECD（2015年）は，2013年における日本の所得格差は，OECD加盟国の平均よりも高く，非正規労働者の割合が増加していることがその要因だと指摘している。

8）労働需要の多い非製造業で賃金の低下傾向がみられる状況についての説明に関しては，関谷（2015年）参照。

9）2017年9月以降は18.3%で固定されることとなっている。

10）経済活動と不確実性について最も重要な示唆を与えてくれるのは，ケインズの『一般理論』である。

11）儲 浩一（2011年）は，高齢者の膨大な遺産が使われずに残される理由として，予想以上の長生きによる生活資金の不足に直面する危険に備えてのものであるとして，「死亡年齢の不確実性」という言葉を用いている。

12）ピケティ（2014年）は，株式配当や企業の役員報酬の増加が労働者との間に所得格差を拡大すると指摘している。日本において企業の収益が配当や役員報酬の増加に当てられる一方で，従業員の賃金引き上げに回らないことを指摘したものとして，ドナルド・ドーア（2006年）も重要である。

13）その1つとして，人口構造の変化も経済活動に様々な影響を与える。とくに，少子高齢化の進展は企業の生産効率，家計の消費支出に影響を与えると考えられる。

［参考文献］

［1］浅尾裕（2007年）「雇用の中の多様性―非正規社員の増大と課題―」労働政策研究・研修機構編『多様な働き方の実態と課題 就業のダイバーシティを支えるセーフティネットの構築に向けて』（独）労働政策研究・研修機構（JILPT）。

［2］大沢真知子（2008年）「ワークライフバランス社会をどう実現するか」『経済セミナー9月号』日本評論社。

［3］大竹文雄・藤川恵子（2001年）「日本の整理解雇」猪木武徳・大竹文雄編『雇用政策の経済分析』東京大学出版会。

［4］太田 清（2009年）「賃金格差―個人間，企業規模間，産業間格差」「バブル／デフレ期の日本経済と経済政策」第6巻，樋口美雄編『労働市場と所得分配』慶応義塾大学出版会，319－366頁。

［ 5 ］ 小倉一哉（2007 年）「雇用の中の多様性―非正規社員の増大と課題―」労働政策研究・研修機構編『多様な働き方の実態と課題 就業のダイバーシティを支えるセーフティネットの構築に向けて』（独）労働政策。

［ 6 ］ 児玉直美・横山　泉（2017 年）「景気変動と賃金格差」内閣府経済社会総合研究所『経済分析』第 195 号。

［ 7 ］ 小林良暢（2009 年）『なぜ雇用格差はなくならないのか』日本経済新聞社。

［ 8 ］ 関谷喜三郎（2015 年）「産業間の労働移動と賃金格差」日本大学商学部商学研究所『商学研究』第 31 号，2015 年 3 月，31 - 47 頁。

［ 9 ］ 高橋伸彰（2012 年）『ケインズはこう言った』NHK 出版新書。

［10］ 高村正樹（2005 年）「消費性向上昇の原因を探る強まるラチェット効果の影響」，社団法人日本経済研究センター『JCER Review』59，2005 年 6 月。

［11］ 橘木俊詔（2004 年）『家計から見る日本経済』岩波新書。

［12］ 橘木俊詔（2006 年）『格差社会 何が問題なのか』岩波新書。

［13］ 鶴光太郎（2008 年）「ソフトな制度の形成と日本の働き方」『経済セミナー』9 月号，日本評論社。

［14］ 僑　浩一（2017 年）『貯蓄率ゼロ経済』日経ビジネス文庫。

［15］ 樋口美雄（2001 年）『雇用と失業の経済学』日本経済新聞社。

［16］ 山田　久（2009 年）『雇用再生 戦後最悪の危機からどう脱出するか』日本経済出版社。

［17］ ロナルド・ドーア（2006 年）『誰のための会社にするか』岩波新書。

［18］ Hall, Robert, E. (2005), "Employment Fluctuations with Equilibrium Wage Stickiness", *American Economic Review,* pp.50-65.

［19］ Keynes, John Maynard (1936), *The General Theory of Employment, Interest and Money,* 塩野谷祐一訳『雇用・利子および貨幣の一般理論』ケインズ全集第 7 巻，東洋経済新報社，1983 年。

［20］ OECD（2015）*Is It Together: why Less Inequality Benefits ALL,* OECD Publishing, Paris.

［21］ Lise, J., Sudo, N., Suzuki, M., Yamada, K., Yamada, T. (2014) "Wage, income and consumption inequality in Japan, 1981-2008 : From boom to lost decades, *REVIEW of Economic Dynamics,* 17, pp.582-612.

［22］ Piketty, Thomas (2013) *Le Capital au XXIe siecle,* 山形浩夫・守岡　桜・森本正史訳『21 世紀の資本』みすず書房，2014 年。

［23］ Shimer, Robert（2005）," The cyclical behavior of unemployment and vacanciesevidence and Theory", *American Economic Review,* 95, pp.25-49.

第9章 消費需要の低迷とマクロ経済 | 171

〔**参考資料**〕

・厚生労働省（2017年）「一般職業紹介状況」。
・厚生労働省（2017年）「毎月勤労統計調査年報（事業所規模5人以上）」。
・厚生労働省（2017年）「賃金構造基本統計調査」。
・財務省（2017年）「法人企業統計」。
・財務省（2017年）「財政金融統計月報」。
・総務省統計局（2017年）「労働力調査」。
・総務省統計局（2017年）「消費者物価指数」・総務省統計局（2017）「平成28年家計調査≪家計収支編≫」。
・内閣府（2017年）「国民経済計算」。
・内閣府（2017年）「消費動向調査」。
・内閣府（2017年）「景気動向指数結果」。
・内閣府（2017年）「雇用者報酬（実質，暦年，季節調整済）」。
・内閣府（2017年）「平成29年版経済財政白書—技術革新と働き方改革がもたらす新たな成長—」。

（本稿における図の作成およびその説明の一部について，運輸調査局の河口雄司氏の協力を得ている）

第10章　消費と市場経済

1．はじめに

　本章では，家計の消費行動の観点から，消費と市場経済の関係を考察する。消費は家計によって行われるものであるが，これを経済活動の視点からみると，企業の生産とともに経済循環を形成する重要な活動の1つと考えることができる。

　市場における競争を通じて拡大する経済活動を支える両輪が企業と家計である。市場では，企業の生産が経済の拡大を牽引するが，それは家計による需要の増大があってはじめて可能になる。消費の増大を可能にするのは，消費を促す欲望のフロンティアの拡張である[1]という見方ができるが，そうした観点から消費をみると，所得や価格といった経済的制約のもとで実現される消費需要の大きさだけでなく，消費を生み出す家計の行動にも目を向ける必要がでてくる。

　市場の側から家計の行動を見ると，家計は市場経済の維持に大きな役割を果たす一方で，市場から大きな影響を受けていることがわかる。そこで，まず市場における消費の分析を経済学説史の観点から検討することによって，家計の側から消費を見る場合，何が問題になるのかを概観する。次に，消費行動を社会生活という視点から考察するとき，経済学の範囲を超えた学際的な研究が必要であることを確認する。

2．経済学における消費と消費者

　市場における消費を考える場合，まず，経済活動の中でそれをどのように捉えるかをみておく必要がある。市場における経済活動を一言で表現するなら，生産と消費の繰り返しであるということができる。企業が財・サービスを生産し，それを家計が消費し，また企業が生産し，家計が消費する，この市場における生産と消費の循環的な繰り返しが経済活動である。

　経済学は，まさにこの市場における生産と消費の循環的活動を分析の対象とし，そこに生じる問題を考察する。経済学の分析対象は，それぞれの時代の要請を反映してさまざまであるが，時代を超えて共通しているのは，分析の中心が生産活動の側面に置かれているということである。

　経済学の出発点となった，アダム・スミスの『国富論』をみても，第1章に書かれている「分業」の説明は，労働の生産性向上についての説明であり，いかに生産を拡大するかということに分析の焦点が置かれている。さらに，市場において，自己の利益を求めて生産活動を行うことが，市場メカニズムを通じて経済全体としてより大きな社会的厚生を生み出すことができるというのがスミスの主張であった。

　消費については，どのような位置づけがなされたのであろうか。スミスは，『国富論』において，「消費こそがすべての生産の唯一の目的であり，生産者の利益は消費者の利益を図るために必要な範囲でのみ配慮されるべきである。」[2]と述べている。つまり，経済活動の究極の目的は消費にある，ということである。ただし，スミスは，経済活動の目的が消費にあると述べたすぐ後で，「これはまったく自明な点なので，証明しようとすることすらばかげているといえるだろう。」[3]と述べ，消費そのものを問題にする必要はないとみていた。

　スミス以後も，古典派経済学および新古典派経済学を通じて，市場における経済分析の対象は，生産活動とそこから生み出される問題にあった。そうした中で，資本主義経済の発展につれて経済活動における消費の位置づけや役割に注目が集まる場面が出てくる。その代表的なものとして，ここでは経済学説史

上，革命と呼ばれる2つの大きな出来事をあげておきたい。

　アダム・スミスの『国富論』以来，経済学は約240年の歴史を持つが，その中で，「革命」と呼ばれる変化が2つあった。その1つが，1870年代に起こった「限界革命」であり，もう1つは，1930年代の「ケインズ革命」である。この2つとも，スミス以来の古典派経済学を新たに発展させるうえで大きな影響力をもった。実は，この2つの革命のキーワードの1つが「消費」であったということは注目に値するものである。

　1870年代の限界革命は，ジェヴォンズ，メンガー，ワルラスによって生み出されたものである。その特徴の1つは，限界概念を用いることによって経済活動の効率性を数学的に解明するうえで革命的な分析手法を確立したことにある。その背景には，稀少性の認識にもとづく資源の効率的な配分と使用の問題があった。もう1つの特徴として，物の価値の見方に関して，それまでの労働価値説に代わり，消費者の主観的満足が商品の価値を決めるという，効用価値説の登場をあげることができる。これは，経済分析の焦点が生産から消費の場に移り，それに伴って価値の見方が客観的なものから主観的・個人的なものに移ったということである。その背後には，景気変動を通じて商品が売れ残るという問題があった。労働価値説の意味で価値ある商品が売れずにその価値を実現できないのはなぜか。ここに価値を別の観点から見直す必要が生じることになる。それが効用価値説の登場につながる。こうした分析手法と価値の見方の転換は，それ以降のミクロ経済学における消費者行動理論の発展に大きな役割を果たすことになる[4]。

　1930年代のケインズ革命は，J. M. ケインズによってなされたものである。ケインズは，1936年の『貨幣，利子および貨幣の一般理論』において，有効需要の大きさが国民所得の水準を決めるとする国民所得分析を展開した。それは古典派理論では説明することのできない非自発的失業の発生を理論的に解明するものであった。ケインズ理論にしたがうと，有効需要の大きさを左右する上で重要な役割を果たすのは乗数効果であり，その乗数の大きさを決めるものが限界消費性向である。限界消費性向の大きさは，所得の増加に対して人々がどれだけの消費を行うかによって決まる。ゆえに，消費者の行動が国民所得の

第 10 章　消費と市場経済 | 175

決定において大きな役割を果たすことになる。

　限界革命はミクロ経済学の基礎を作り，ケインズ革命は現代マクロ経済学の基礎を作ったという意味で，2つの革命とも経済学の歴史においてエポック・メーキングな出来事であるが，その両者に「消費」が大きくかかわっている点はあらためて注目してよいと思われる。

　ただし，もう1つ両者に共通していえることは，消費活動を行う消費者に関しては，生活者として現実に消費を行う消費者ではなく，自己の利益を追求して合理的に行動するという意味での経済人が想定されているということである。そこでは，消費者は，所得，価格といった市場でもたらされる客観的な条件を前提として合理的に行動する経済主体として描かれている。とくに，限界革命以降の新古典派経済学では，市場経済の効率性を論証する上で，合理的に行動する経済人の仮定が不可欠となっている。

　限界革命を生み出した経済学者の一人である，ジェヴォンズは，『経済学の原理』の中で，「私は，経済学を快楽と苦痛の微積分学として取り扱わんと試み・・・経済学は・・・1個の数学的科学でなくてはならないと考えてきた。」[5]と述べている。こうした分析手法が科学としての経済学を大きく進歩させた功績は大きい。とくに，経済理論を数学的に精緻化することを可能にし，計量的実証分析を進歩させ，経済理論の政策への応用可能性を広げたという意味で，その発展は大きな意義をもつといえる。

　マクロ経済分析の基礎を作ったケインズ経済学も，分析の焦点は，企業の行動にあるために，消費者は消費需要をもたらす存在としてしか見られていない。そのために，『一般理論』の中でも，消費需要については，それに影響する客観的な要因に分析の焦点があてられており，消費者の側からの消費行動の分析は行われていない。消費を左右する主観的要因にも言及しているが，「貯蓄および消費のそれぞれをもたらす主観的動機の主要な背景を所与とみなす」[6]として，消費者の行動を左右する社会的要因の説明を回避している。1924年に書いた「わが孫たちの経済的可能性」[7]に，消費には絶対的必要と相対的必要の2つがあり，人間の生存に必要な絶対的必要を超える相対的必要は飽くことを知らぬ欲求をもつという指摘があるが，それはケインズの著作の中

で消費者自体の消費行動に言及した例外的な記述といえる。

あらためて消費者の視点から消費と市場経済の関係をみようとすると，合理的行動の仮定にもとづく経済分析を展開する新古典派経済学もケインズの分析も，いずれも消費経済の実態を把握するうえで十分とはいえないであろう。

3．消費者の行動と市場

経済活動は生産と消費の循環的活動からなるが，生産されたものは，それが消費されることで次の生産が可能になる。その意味で，生産と消費は相互依存の関係にある。そうであるとすれば，経済活動の理解には生産者の側からの分析だけでなく，消費者の側からの考察が必要となる。

そこで，あらためて「消費」とは何か。人々はなぜ消費するのか，といった問題を考えるとき，消費の探求には現実の社会的文脈から独立した合理的な行動の仮定ではとらえきれない問題があると思われる。こうした観点から消費を考えようとするとき，効用極大を求める合理的な経済行動を前提とする正統派経済学とは別の角度からの分析が求められる。

消費者の行動を社会生活の観点から考察するとき，経済学の歴史の中でその源流となるのは，B.マンデヴィルの『蜂の寓話』[8] であろう。経済学の書というよりは社会思想あるいは社会経済学の書というべきこの本は，「私悪すなわち公益」という副題からもわかるように，1700年代前半のイギリス社会における宗教道徳を消費経済の視点から批判し，放蕩を悪と呼ぶことの妥当性は別にしても，消費が生産を促し，雇用を増大させ，所得を拡大させるゆえに，経済の繁栄は人々の消費意欲の発露にあると主張するユニークな書物である。消費生活の考察に関してマックス・ウェーバーの『プロテスタンティズムの倫理と資本主義の精神』[9] の対局にあるというべきこの本は，消費活動を社会における人々の人間的欲望の側面から解明するとともに，市場における消費と経済の関係を経済学的発想から説明している点で，消費経済学の原点となるものであるといえる。

ただし，経済学の出発点をスミスにおくとすれば，消費経済に関する考察に

第 10 章　消費と市場経済 ｜ 177

ついても，古典派経済学以降の文献が対象となる。そこで，スミス以降の経済学の発展の中で，消費を消費者自身の行動から解明しようとするものとして注目すべきは，アメリカにおける制度学派の経済学であろう。その代表が，ソースタイン・ヴェブレンが 1899 年に書いた『有閑階級の理論』である。ヴェブレンはこの本の中で，上流階級における人々の消費行動の動機を分析し，それを「衒示的消費」という言葉で表現している。そこでは，高い所得階層の人々がその富の高さを見せつけるために消費を 1 つの手段としていることを指摘し，人々の消費の動機が「みせびらかし」にあることを強調している。これは「ヴェブレン効果」という用語で，今日でもミクロ経済学のテキストで使われている。

　ヴェブレンの指摘は，合理的な消費行動を前提とする正統派経済学とは一線を画し，消費を「みせびらかし」という社会的理由から説明しようとするものである。ヴェブレン以降，正統派経済学とは異なる視点から，社会的・文化的要因を重視した消費者行動分析が展開されている。その中の 1 つに，社会的要因と消費の関係を「バンドワゴン効果」，「スノッブ効果」，「ヴェブレン効果」といった概念を用いて説明しようとしたライベンシュタインの消費分析がある [10]。

　こうした研究の流れは，R. メイソンによって『顕示的消費の経済学』にまとめられている。それは，ヴェブレン以降，現代に至る消費行動の経済分析がどのように展開されてきたかを整理したものであり，消費経済研究の学説史となっている。その中で，メイソンは消費の実態を理解するうえで社会的要因の分析が不可欠であるが，論証可能なモデル分析が十分に展開できないと正統派経済学に大きな影響を及ぼすことができないという問題も指摘している。

　そうした中で，消費者自身の現実的な行動を経済分析に組み込んだ理論を展開したのがデューゼンベリーである。デューゼンベリーは，1949 年に『所得，貯蓄および消費者行為の理論』を著し，「相対所得仮説」という消費関数の新たな仮説を提示した。デューゼンベリーの研究は，消費者の側から消費行為を考察し，それを用いてマクロ経済学における消費関数を定式化しようとする試みであり，合理的消費者とは異なり，現実の消費者行動にもとづいた分析に

よって現実妥当性をもつ理論の構築を果たしている点で注目に値する。そこで消費者の行動を説明するために用いられた「ラチェット効果」や「デモンストレーション効果」という用語は，今日でもマクロ経済分析において消費を説明するための重要な概念となっている。

さらに，消費者が合理的に行動するという正統派経済学の前提の妥当性に疑問を投げかけ，市場経済における消費の現実を理解する上できわめて重要な指摘を行ったものとして注目すべきなのが，ガルブレイスである。ガルブレイスは，1958年に書いた『ゆたかな社会』の中で，依存効果という概念を用いて，消費者の合理的行動の前提となる「消費者主権」が現実には実現していないことを強調した。

資本主義経済の発展にともなって，大量生産によって可能となった高い経済成長は，大量消費を必要とする。そのために，企業は生産物の生産だけでなく，消費者の需要まで生産しなければならない。その結果，市場では，消費者が自ら必要なものを消費し，企業はそれに応えて生産するという消費者主権が失われている。ガルブレイスはそれが市場の現実であることを指摘した。ガルブレイスの指摘は，生産者と消費者はともに効率性を追求する上で対等な関係にあるという正統派経済学の市場分析の前提に大きな疑問を投げかけるものであった。それは，あらためて経済活動における生産と消費の関係に再考察の必要を迫るものである。

消費者の観点から市場経済をみるとき，そこにはいくつかの重要な特徴がみられる。その1つは，ガルブレイスの主張からもわかるように，生産と消費が経済活動の中で相互依存関係にあるとしても，それは決して対等な関係ではない，ということである。もう1つは，この生産と消費の循環が生産の側の力によって推進されているということである。しかも，営利を目的とする企業によって循環の速度は常に早められる傾向にある。

循環の速度が速まることは，これを消費者の側からみると，消費の増大を意味する。これは，一面では人々の経済生活を豊かにするものである。その意味で，循環の拡大は消費者にとっても望ましい。ただし，消費の拡大は，必ずしも人々の生活を豊かにするとは限らない。循環の速度が速まると，生産は容易

第10章　消費と市場経済 | 179

に消費者の必要を超えてしまう。それでもこの循環を拡大しようとすると，そこには，消費の強制が生じることになる。その1つの表れが，ガルブレイスが指摘した「依存効果」の発生である。

　これを肯定的にみる見方もある。生産の拡大により，生産が消費を追い越してしまう状況では，生産者が消費者を捜す必要が出てくる。こうなると，生産者と消費者の力関係が逆転し，生産者が消費者の必要を満たすための努力を求められることになる。これを生産優位から消費優位への転換として，企業主導による大量消費社会から個人の主体的な消費活動が可能となる社会への転換とみることができる[11]。また，消費者の好みや利便性を追求することが企業の利益につながるという意味で，消費者中心の発想が重視されるようになる。佐伯啓思はこれを消費資本主義の誕生と呼んでいる[12]。

　大衆の時代から分衆の時代に移り，消費の多様化，個性化が注目されるようになる。しかしながら，個性の時代は消費者にとって決して居心地の良いものではない。それは，生産と消費の循環が，そんなに簡単に消費者に都合よく回ってくれないからである。個性化の時代には，自分だけに合った洋服，持ち物，生活スタイル，趣味が求められる。しかし，個性を発揮するためには，自分の個性を自分で発見しなければならない。これは，それなりにエネルギーを必要とする。自分探しも大変である。しかも，豊かになったはずの市場経済が消費のための所得を保証するとは限らない。個性を求めて自分探しをしても，それに見合う仕事が簡単に見つかる保証もない。自分探しよりも，職探しの方がより困難であるのが市場の現実である[13]。

　こうした市場の現実を前にすると，市場の変化に翻弄されるのは，個性化の中で，消費者を捜さざるを得ない企業よりも，消費者自身であるといわざるをえない。これは消費者の側から考察しない限り見えない現実である。

4．消費経済の持続可能性

　人々の経済生活にとって最も重要なことは，生産と消費の循環的活動の安定的な持続である。そのためには，現実の市場の中で，消費の安定を維持するこ

とが必要となる。市場には，さまざまな不安定要因が作用している。それゆえ，消費の安定のためには，消費生活を不安定にする市場の現実を理解することが必要である。

　ケインズが『一般理論』で指摘したように，市場における経済問題は，「完全雇用を提供することができないことと，富および所得の恣意的で不公平な分配である。」[14] とりわけ，失業は消費者にとって最も深刻な問題である。雇用・所得の安定は，消費の安定の基礎となるものである。経済学はこの問題の解決を大きな課題としてきた。その中でも，経済の安定に関して政府の役割を重視したのがケインズである。ケインズは非自発的失業の問題を政府による有効需要の管理によって解決しようとした。

　失業問題の解決を市場にまかせるなら，その解決策の１つは企業による賃金の切り下げである。企業にとってコストの低下となる賃金の切り下げは雇用拡大につながる。しかし，マクロ経済の側面からみると，賃金切り下げは家計の所得を低下させ，消費需要の減退をもたらすために，生産の停滞を招き，結果として，失業を悪化させることになる。そこには合成の誤謬が生じる。これがケインズ理論から導かれる結論であった。このことは，市場における消費生活の安定が，市場の競争の中から自然に出てくるものではないことを示している。市場の見えざる手だけでは，消費生活の安定を保証できない。したがって，そこには市場システムを補完する政府の見える手が求められる。

　ケインズが市場の欠陥として指摘する失業問題は，まさに現代の日本経済が当面している問題でもある。しかも，現在生じている事態はケインズが想定した状況を超えている。今日，コスト削減による収益確保のために，企業は賃金切り下げを求めて非正規雇用を増やしている。それは，雇用量の確保という意味ではケインズの言う非自発的失業の解消に役立つ面がある。しかし，そこに実現される雇用は，必ずしも労働者の望む状態を満たさない，いわば非自発的雇用である可能性が大きい [17]。非正規雇用の拡大は所得格差の拡大も助長することになる。これは，まさにケインズの想定外の状況といえる。しかも，賃金の切り下げが一時的に雇用増加を可能にするにしても，所得低下は有効需要の減少を招き，生産を停滞させるという点で，再びケインズが問題とする合成

第 10 章　消費と市場経済　│　181

の誤謬に陥ることになる。結果として，消費生活は市場から大きな影響を受けることになる。

　さらに，消費者が同時に生活者であることを考えるとき，雇用問題だけでなく，人々の消費生活そのものが，その時代の社会，経済，文化から大きな影響を受ける点に注意する必要がある。

5．学際的研究の必要性

　経済の発展にともなって大量の消費財が人々の生活の中に流れ込んでくる。それは生活を豊かにする一方で不安定化の要因ともなっている。市場における消費社会の不安定性の問題も消費経済分析の重要なテーマの1つであるといえる。ただし，こうした側面からの考察は経済学の範囲を超える。

　市場は消費を促すために，人々の消費活動に対して財の使用に伴う効用以外の新たな意味を持たせようとしている。消費記号論である。それは，人々にさらに消費の必要を感じさせ，絶え間ない消費へと駆り立てる。その圧力は，ガルブレイスのいう依存効果を上回る力で消費者に迫ってくる。その圧力に耐えられない個人が，その圧力のはけ口を消費とは別のところに求めるとき，消費社会は不安定化せざるをえない。市場における消費の問題をこうした観点から捉えたのがボードリヤールの『消費社会の神話と構造』である。

　ボードリヤールは，「豊かさとは進歩ではない。進歩とはまったく別の何ものかである」[18] として，消費社会の中に，豊かさに内在する得体のしれないものを見出そうとしている。さらに，豊かさが幸福だというのは神話であり，それは「無理強いされた適応の過程として耐え忍ばれるという曖昧な性格をもっている」[19] と述べ，豊かさが新しい型の強制のシステムという意味で不条理なものであることを強調する。「消費社会は，"渇望"と"欲求とその充足"を組み合わせているつもりになっているが，実際にはそうではなくて，競争社会と社会的上昇の強制および個人的快楽の最大化という今後極度に内面化されるであろう至上命令との葛藤に悩む人々の内部に，ますます増大するひずみを生じさせる」[20] というボードリヤールの分析は，現代の消費社会を考える上で重要

な視点であろう。

　さらに，市場の不安定性と市民生活の関係を分析したものとして，もう1つ，エーリッヒ・フロムの『自由からの逃走』を挙げておきたい。これも経済学の本ではない。フロムは，第二次世界大戦の最中に，自分の研究を中断してまでもこの本において，ドイツにおけるナチスの台頭という悲劇的現実を分析し，その本質は何かを解明しようとした。

　フロムはこの本で，中世ヨーロッパが近代にとって代わられるとき，近代社会の中で発展してきた資本主義経済のもつ不安定性が人々に及ぼす影響を問題としている。資本主義の市場における自由な競争は，中世の制約から人々を解放するものではあったが，同時にそれは明日の生活を保障しないという意味で人々に将来に対する不安を生み出した。

　確かに，資本主義経済は市場経済という極めて効率的な経済システムを生み出すことにより，生産を飛躍的に高めることができた。しかし，そこにおける生産と消費が価格メカニズムにもとづいて均衡への傾向をもつとしても，それは個人の生活の安定をもたらすものではない。人々には，市場というシステムの中で生き残るための努力が求められる。それは人々に計り知れないストレスを生み出す。フロムは，中世の束縛から自由になった人々が，市場の圧力に耐えきれず，再び自由を捨てて，そこから逃げ出そうとすると指摘する。この自由からの逃走は，消費社会を神話と呼んだボードリヤールの分析と関連するように思われる。

　人々は，消費を通じてより豊かな社会を実現しようとしている。しかし，それは時として市場の圧力により歪められる可能性がある。フロムやボードリヤールはそれを指摘したのではないかと思われる。こうした視点から消費をみるとき，消費は単に個人が自分の所得を用いて自分のために行う以上に，社会的，心理的影響を受けるものであると考えざるをえない。

　こうした観点から「消費とは何か」を考えようとすると，経済学だけでは十分な答えがでない。この点に関して，メイソンは，経済学が現代の消費者需要をめぐる解釈に対して貢献するためには，消費に関するいっそう包括的で学際的な研究に前向きに取り組む必要があるとして，「経済学者は，社会学者や人

第10章　消費と市場経済 | 183

類学者や哲学者や職業意識をもった経営学者たち─彼らはすべて，消費なら
びに消費者の選好形成に対して，絶えず真剣な関心をよせている─と，もっ
と積極的に協力すべき」[21] であると主張している。

　メイソンが指摘したように，市場における消費の問題を考察する場合，経済
学の範囲を超えた学際的研究が必要となる。消費活動の研究が経済学の範囲を
超えざるを得ないのは，消費活動を行う消費者が生活者としての面を持ってお
り，それが消費と深く結びついているからである [22]。

6．市場の現実

　現代の消費生活を考える場合，家計が真の意味で豊かさを実現していくため
に問われるべきもう1つの重要な論点がある。それは，消費支出の中身であ
る。

　経済活動は自由な市場で行われることが原則であり，そこでは人々は自らの
合理的な判断にもとづいて行動すると想定されている。消費者が必要とするも
のが市場の需要を形成するのであり，それに応えて企業が生産を行う。企業に
とっては消費者に評価されるものを生産することが売り上げの増大に結びつ
く。その意味で，生産・消費の拡大は家計の生活をより豊かにするとみること
ができる。これが自由な市場における消費者主権とそれにもとづく社会的厚生
の増大である。そこには，家計と企業が市場の両輪として相互に豊かさを高め
あう構図が想定されている。しかし，現実には，市場では消費者は必ずしも自
己の利益を追求することができない場合がある。

　これについては，これまでもさまざまな視点から考察されている。その意味
で，消費についての古くて新しい問題といえる。その代表的なものは，ガルブ
レイスの『ゆたかな社会』である。すでに述べたように，ガルブレイスは『ゆ
たかな社会』において，市場経済の問題の1つは経済理論が想定する消費者主
権の喪失にあると主張した。

　経済の発展を歴史の中に置いてみると，資本主義経済は長い間生産の拡大を
制約する要件をいかに克服するかという課題と取り組んできた。やがて，それ

がエネルギー革命や生産技術の発展により解決されると，新たな問題に直面することになる。それが需要不足である。需要を上回る供給は過剰生産を生じさる。それは，生産・雇用の減退を通じて資本主義経済に不況をもたらし，失業問題を生み出すことになる。この問題を解決するために登場したのがケインズである。ケインズは，不況克服のために政府による有効需要政策の必要性を主張した。

こうした現実を前にして，企業も需要の拡大を目指すようになる。アメリカにおけるマーケティングの発展は，企業自らが顧客を創造しようとするものである。そのための広告・宣伝は人々の消費活動に大きな影響を与える。まさに，生産活動の中から需要が創造されるようになるのである。ガルブレイスは，このような企業による生産優位の現実を厳しく批判した。

この指摘は現代の経済にも当てはまる。テレビ，ラジオ，雑誌等を通じて流されるコマーシャルの影響は大きい。それは，消費者の必要を超える欲望をつくり出すことを可能とする。ガルブレイスの提起した問題は現代においても重要性を失っていない。市場経済は，効率性を追求するシステムであり，それを通じて経済を成長させ，人々の生活を豊かにしていく。たしかに，経済成長により人々の所得は向上し，消費は拡大してきた。しかし，それが本当に人々の消費生活を豊かにしたのかどうかについては，改めて考えてみる必要がある。

現代における消費活動の再考察は，マーケティング研究の側からもなされている。企業のマーケティング活動について，その分野の世界的権威である，フィリップ・コトラーが2015年に『資本主義に希望はある』という本を書いた。その副題は「私たちが直視すべき14の課題」である。

コトラーは，この本の中で資本主義経済のもつ14の欠陥を指摘し，それを克服することで人々の平均的な生活を向上させ，よりよい経済を構築する道を模索する必要のあることを指摘している。その内容の一部は，ガルブレイスの指摘する依存効果についての主張の延長線上にあるという点で，今日の消費者問題を考える上で注目すべきものであるといえる。

ここで，コトラーの経歴に注目しておきたい。コトラーは本書で，自分が資本主義経済について特別な洞察を提供できると信じていると述べている。その

第10章 消費と市場経済 | 185

理由は，コトラーがマーケティングの研究者としてのスタートを経済学の学修から始めていることに関係している。

コトラーによれば，学生時代にシカゴ大学のミルトン・フリードマン，マサチューセッツ工科大学のサムエルソン，そしてロバート・ソローに師事して経済学を学んだということである。この3人は，市場について異なる見方を持ってはいるものの，それぞれ，市場経済のメカニズムについて，卓越した見解を示しており，それらの業績により，3人ともノーベル経済学賞を受賞している20世紀後半を代表するアメリカの経済学者である。

コトラーはこの3人のもとで市場経済について学んでいる。したがって，コトラーが資本主義経済の欠陥を指摘するとき，それは単なる思い付きや，市場システムについての理解にもとづかない批判ではないということである。

コトラーは2015年のこの本において，経済理論を基礎にしながら，よりよい経済社会の構築のために市場はどうあるべきかを検討している。コトラーが問題とする私たちが直視すべき14の課題の多くは，市場経済の持つ制度上の欠陥に関わるものであるが，ガルブレイスの指摘した消費者主権の喪失につながる企業行動に関する問題もある。

コトラーは，この本の第12章「マーケティングの功と罪」において，アメリカでは自由な市場において消費者の好むものが販売されているが，人々の欲望は決して満たされることがない。なぜなら，そこには広告による際限のない欲望の刺激があるからであると述べている。

広告は，人々に物足りなさを感じさせ，その穴を埋めるように消費に走らせる。そこでは人々は，「我消費す。ゆえに我あり」[23]というように，消費によって自己を確認せざるを得なくなる。この表現は，消費社会の病理を表現するものといえよう。それは，ボードリヤールの『消費社会の神話と構造』を想起させるものである。

さらに，コトラーは，人々は広告の刺激により，所得を上回る消費をせざるを得なくなるが，そこには銀行によるクレジットが用意されている。実は，それは消費が銀行の収入源となることを意味していると指摘している。消費を追い求める社会は，結果として，過剰な消費と過剰な借金を抱えることになる。

現実においても，金融サービス部門が拡大している。これは，経済成長に伴う産業構造の変化の一環でもあるが，ピケティが指摘するように，金融部門の肥大化は勤労所得と資産収入からの収益率の差を大きくするために，所得格差を拡大する原因となる。拡大する所得格差は，消費活動の健全さを脅かすだけでなく，資本主義経済の運行そのものにも支障を生じさせる。コトラーは言う。

　　「所得と富の極端な一極集中は消費者需要の水準の低下につながり，ひいては永続的な経済の不調をもたらす。」[24]

なぜなら，

　　「資本主義が拠って立つのは，資本家の経済装置が生み出す製品・サービスを購入できる十分な財力を持つ消費者である」[25]

からである。

　コトラーのこうした指摘は，経済の安定的な成長維持のためにも消費が重要であることを教えてくれる。

　市場における消費を考える上で，最近の注目すべきもう１つの本がある。2015年にジョージ・アカロフとロバート・シラーによって書かれたものであり，2017年に翻訳が出版された『不道徳な見えざる手──自由市場は人間の弱みにつけ込む』である。

　アカロフとシラーはともに，アカロフが2001年，シラーが2013年にノーベル経済学賞を受賞しているアメリカの経済学者である。本書の内容は，タイトルにもあるように，市場においては合理的に行動するはずの消費者が心理的および情報の操作によって驚くほど誤った判断を強いられるケースがあるというものである。

　経済活動は自由な市場で行われ，人々は合理的な判断による行動を原則としている。それによって，欲しいものを手に入れることができる。しかし，必要が満たされる豊かな時代にあっては，人々は自分が本当に求めるものが何であるか自分でもわからないという弱みがある。市場はそうした弱みにつけ込む機会を利用し，人々をカモとして釣り上げようとする。市場にはまさに魚釣りのルアーが仕掛けられており，カモになる人々はうまく釣り上げられてしまう。

第10章 消費と市場経済 | 187

もちろん，市場での自由な競争は人々の生活を豊かにしてくれる。しかし，同じ市場の力が，相手を犠牲にしても自分が儲かるものをつくり出す傾向をもつ。その意味で，自由な市場は諸刃の剣である[26]。

ここでの問題は，釣りは釣り師にとっては利益になるが，標的になる消費者の利益にはならないということである。しかし，より根本的な問題は，企業自体が市場での競争と生き残りをかけて釣りをやらざるをえないということである。市場とはそのようなところであり，企業の活動はそうした側面をもっている。

アカロフとシラーの指摘は，消費活動が行われる市場のもつ本質的な欠陥をあらためて認識する必要性を教えてくれる。経済学では，市場の欠陥を考える場合，市場メカニズムの機能が不完全となる独占，寡占といった競争の不完全性や外部効果，市場の失敗が問題となる。ただし，そうした欠陥については，その要因を取り除けば，市場そのものは合理的に機能し，競争の結果として社会的厚生を高めることができるということを意味する。

しかし，アカロフとシラーは，実は，市場はそうした欠陥とは別に自由な競争の中に人々の合理的行動を誤らせるような要素が含まれていると指摘する。まさに自由市場は生き残りのために，人間の弱みにつけ込んで利益を得ようとするというものである。競争的な自由市場は，単に人々が求めるものを供給するための競技上にとどまらない。そこはまた，カモ釣りの競技場となる。市場では，利潤動機が繁栄を与えてくれる一方で，その利潤動機が詐術とごまかしを生み出し，人々をカモとして釣り上げるということである。

これは，消費経済の問題を市場そのものの問題として再検討する必要を示唆している。まさに，消費経済学を現実的な事象の下に構築する必要があることを示唆するものである。

7．消費と経済社会

市場経済においては，供給能力の拡大を支えるために，供給に見合う需要の創出が求められる。経済分析の視点からいえば，供給と需要のバランスのとれ

た増大は，市場経済の発展を支えるために不可欠な要件である。しかし，消費需要を生み出す家計は時代の変化に大きな影響を受ける。

　高い成長が維持できた時代には，人手不足を背景として，年功賃金，終身雇用が維持されていたために家計は所得の持続的増加に確かな期待を持つことができた。また，社会保障制度が十分に整備されているとはいえない中で，企業が雇用と所得の補償を通じて社会的なセーフティネットの役割を果たしてきたといえる。さらに，家計自体も2世代，3世代が同居する中で，介護を含めて老後の生活を家族のセーフティネットに期待することができた。

　しかし，企業はグローバル化による競争激化と低成長のもとで，収益確保のために雇用形態を変更し，労働費用を削減している。それは非正規雇用の増加となって家計の所得を不安定にしている。一方，家計も核家族化，教育費の負担増加，共働きの増加，高齢化による介護の必要性の高まりの中で，生活の中で生じるさまざまなリスクを引き受ける力を低下させている。そうした意味で，企業も家計もかつてのような社会的なセーフティネットとしての機能を喪失しているといわざるをえない[27]。

　生活の豊かさは，消費を通じて実現できる。家計が消費生活を営むためには雇用・所得の増加が必要となる。しかし，経済は停滞し，所得の伸びは期待できない。そうした中で，消費だけが増加を期待されると，その矛盾は家計にのしかかることになる。また，消費は基本的には個人の選択に任されるべきものであろうが，それが売り手側のトリックに掛かって無駄な支出を強いられる場合のあることも忘れてはならない。

　最後に，真の豊かさを考えるとき，消費社会における根本的な問題として，内田隆三の『消費社会と権力』にある次の一節に注目したい。

　「産業システムが生産するモノは一定の効用をもっていると考えられており，また，その効用あるがゆえに産業システムの生産活動は正当化されている。だが，自己準拠の戦略により，産業化が次なる局面に入ると，果たして効用をもつのかどうか，あるいは効用がそのモノの本質的な要素なのかどうか決定不能なモノ——ガジェットやキッチュなどのまがいモノ，超機能的なモノ——が生産されるようになる。」[28]

第 10 章 消費と市場経済 | 189

　内田は，こうした見方を通して，企業が供給するものは消費者にとって効用をもたらすものであるという前提に疑問を呈している。実は，消費者の無限の欲求を生み出すものは実体のない空虚な形式であり，それこそ無限の欲求を生み出す装置である。そして，それこそが現代の消費社会の繁栄を支えていると述べている。

　同様な指摘は，アカロフ・シラーにもみられる。すなわち，「経済成長の指標（たとえば，一人当たり所得）は，きちんとした経済変化を反映するかもしれない。でもそうした変化がすべて，必ずしもいいものとはかぎらない。」[29]

　健全な家計の発展を実現するためには，家計を取り巻く経済社会の現実を確認する必要がある。その上で，豊かに生きていくためにはどうすればよいのかが，個人，社会の両面において問われているのである。

【注】

1）市場における消費を考える場合，市場経済と資本主義の概念を区別し，自己増殖を続ける資本主義経済は常に消費需要を必要とするという観点から，現代経済を消費資本主義と捉え，その本質的特徴を「欲望のフロンティアの拡大」に見出しているのが，佐伯啓思（1993 年）である。

2）スミス，A.『国富論』山岡洋一訳（2007 年），250 頁。

3）スミス，A.『国富論』山岡洋一訳（2007 年），250 頁。

4）限界革命の意義と基本的な内容については，石橋春男・関谷喜三郎『経済学の歴史と思想』創成社，2012 年，参照。

5）ジェヴォンズ，S.『経済学の理論』小泉信三・寺尾琢磨・永田　清訳，寺尾琢磨改訳（1981 年），xii 頁。

6）ケインズ『雇用・利子および貨幣の一般理論』塩野谷祐一訳『ケインズ全集』第 7 巻，108 頁。

7）『ケインズ全集』第 9 巻，所収，宮崎義一訳「わが孫たちの経済的可能性」，387 − 400 頁。

8）マンデヴィルの『蜂の寓話』は，経済学の世界においては，ケインズが『一般理論』の中で，有効需要の重要性についての先駆的文献として取り上げたことで有名であるが，その内容は，人々の消費意欲にもとづく経済社会のダイナミックな活動を描くものであり，単なる需要の効果を超えた消費経済について豊かな内容をもつ書物である。

9）マンデヴィルが消費者の現実的行動に注目したのに対して，ウエーバーは，資本主義の

発展を支えるのは近代的経営と労働生産性の向上であるという視点から，人々の活動については個人の利益という欲望の追求よりも個人の欲を抑えて組織に奉仕する活動が資本主義の発展に結びついたとみていた。そして，そうした行動の背後にキリスト教的精神のあったことを重視している。人々の行動だけからみると，マンデヴィルとウエーバーの見方は，対極にあるようにみえるが，分析の対象となった資本主義経済の現実の違いが強調の違いになって現れているとみることもできる。

10）Leibenstein, Harvey（1950）参照。

11）これについては，山崎正和（1980 年）参照。

12）佐伯啓思は，高度消費社会にあっては，企業にとって消費者は単にその利益を吸い上げる対象ではなくなった点を重視する。消費資本主義の社会にあっては，消費者の好みや利益を追求することが企業の利益につながるのであり，企業と消費者の「両者が結合して欲望のフロンティアを拡張していこうとする運動」が生じていると論じている。佐伯啓思（1993 年），74 頁。

13）ましこ・ひでのりは，人々が市場経済の競争の中で生活の「加速化」に追い立てられながら，その「加速」をやめられなくなってる姿を「加速化依存症」と名付けている。ましこ・ひでのり（2014 年）参照。

16）ケインズ（1936 年）邦訳，375 頁。

17）これに関して高橋伸彰は，今日では，ケインズが想定しなかった非自発的雇用という事態が生じていることを指摘している。ケインズは有効需要の管理により非自発的失業の解消を求めたが，現代では労働者が望まない水準における賃金や労働条件のもとで職に就かざるをえない，非自発的雇用が発生しているということである。高橋伸彰（2012 年）参照。

18）ボードリヤール（1970 年）邦訳，269 頁。

19）ボードリヤール（1970 年）邦訳，269 頁。

20）ボードリヤール（1970 年）邦訳，281 頁。

21）メイソン（1998 年）邦訳，237 頁。

22）現代の消費経済のあり方を考える場合，人口減少という現実を前にして，低成長に見合う経済活動を考えるべきだとする平川克美の『移行期的混乱』も注目されるべきである。

23）コトラー（2015 年）邦訳，292 頁。

24）コトラー（2015 年）邦訳，66 頁。

25）コトラー（2015 年）邦訳，96 頁。

26）アカロフ・シラー（2015 年）邦訳，266 頁。

27）市場経済におけるセーフティネットに関して，最も注目すべき考察を示しているのは，佐伯啓思・松原隆一郎編著『＜新しい市場社会＞の構想』にある，宮本光晴著「第 4 章 セーフティネットの罠」である。

28) 内田隆三 (1987年), 3 - 4 頁。

29) アカロフ・シラー (2015年), 183 - 184 頁。

［参考文献］

［1］ 石橋春男・関谷喜三郎 (2012年)『経済学の歴史と思想』創成社。

［2］ 佐伯啓思 (1993年)『「欲望」と資本主義』講談社現代新書。

［3］ 坂井素思 (1992年)『家庭の経済』日本放送出版協会。

［4］ 高橋伸彰 (2012年)『ケインズはこう言った』NHK 出版新書。

［5］ 平川克美 (2013年)『移行期的混乱―経済成長神話の終わり―』ちくま文庫。

［6］ ましこ・ひでのり (2014年)『加速化依存症』三元社。

［7］ 松原隆一郎 (1993年)『豊かさの文化経済学』丸善ライブラリー。

［8］ 三浦 展 (2012年)『第四の消費』朝日選書。

［9］ 山崎正和 (1984年)『柔らかい個人主義の誕生』中央公論社。

［10］ Akerlof, G. A., Shiler, R. J., *Phishing for Phools : The Economics of Manipulation and Deception*, Princeton University Press, 2015, 山形浩生訳『不道徳な見えざる手―自由市場は人間の弱みにつけ込む』東洋経済新報社, 2017年。

［11］ Baudrillard, Jean, *La Societe de Consommation : ses mythes, ses structures*, Gallimard, 今村仁司・塚原 史訳『消費社会の神話と構造』紀伊国屋書店, 1979年。

［12］ Duesenberry, J. (1949), *Income Saving and the Theory of Consumer Behavior*, reprinted, Cambridge, Mass : Harvard University Press, 大熊一郎訳『所得・貯蓄・消費者行為の理論』巌松堂書店, 1955年。

［13］ Fromm, E. (1941), *Escape from Freedom*, New York, 日高六郎訳『自由からの逃走』現代社会科学叢書, 東京創元社, 1951年。

［14］ Galbraith, J. K., (1958), *The Afluent Society* 2nd edition, revised ; Boston : Houghton Mifflin, 鈴木哲太郎訳『ゆたかな社会 第二版』岩波書店, 1970年。

［15］ Jevons, W. S. (1871) *The Theory of Political Economy*, 小泉信三・寺尾琢磨・水田清訳, 寺尾琢磨改訳『経済学の理論』日本経済評論社, 1981年。

［16］ Keynes, J. M. (1931) *Essays in Persuasion*, Macmillan London, 宮崎義一訳「わが孫たちの経済的可能性」『説得論集』ケインズ全集第9巻, 387 - 400頁, 東洋経済新報社, 1981年。

［17］ Keynes, J. M. (1936), *The General Theory of Employment, interest and Money*, Macmillan London, 塩野谷祐一訳『雇用・利子および貨幣の一般理論』ケインズ全集第7巻, 東洋経済新報社, 1983年。

［18］ Kotler, Philip (2015) *Confronting Capitalism*, AMACOM, 倉田幸信訳『資本主義に希望はある』ダイヤモンド社, 2015年。

[19] Leibenstein, H. (1950), "Bandwagon, Snob and Veblen Effects in the Theory of Consumers' Demand" *Quarterly Journal of Economics*, 64 (May), pp.183-207.

[20] Mason, R. (1998) *The Economics of Conspicuous Consumption*, 鈴木信夫・高　哲男・橋本　努訳『顕示的消費の経済学』名古屋大学出版会, 2000 年。

[21] Smith, A. (1776) *An Inquiry into the Nature and Couses of the Wealth of Nations*, reprinted in R. H. Campbell and A. S. Skinner (eds.) 山岡洋一訳『国富論　上・下』日本経済新聞社, 2007 年。

[22] Veblen, S. (1899), *The Theory of Leisure Class : An Economic Study in the Evolution of Institutions*, New York　小原敬士訳『有閑階級の理論』岩波書店, 1961 年。

[23] Weber, M. (1920), *Die protestantische Ethik und der Geist des Kapitalismus*, 大塚久雄訳『プロテスタンティズムの倫理と資本主義の精神』岩波文庫, 1989 年。

あとがき

　バブル崩壊とともにスタートした平成の30年間を経済の視点からみれば，人口減少が表面化し，経済成長率が止まった時代であったといえる。よくいえば成熟社会を迎えたといえるが，内外から成長を抑えるようなさまざまな要因が生じた時代でもあった。

　これまで，日本経済は戦後一貫して経済成長により豊かさを求めて経済大国の道を進んできた。その結果，衣食住をはじめとして消費生活は豊かになった。しかし，それが必ずしも国民の生活や福祉の向上につながってきたわけではない。近年においても，各種の格差が問題となり，相対的貧困率も増加している。また，生活環境も決して良いとはいえない。

　そうした中で，より豊かな人間生活の実現のために求められるのは，GDPの拡大を目指す「生産のための経済活動」から「生活の豊かさを実現する経済活動」への視点の転換である。そのためには，消費者の立場から経済を見直すことが必要である。消費者行動の適切な分析と消費を基点とする経済活動の理解こそ，国民生活の健全な発展を図るうえで必要な視点となる。

　こうした観点から，これまで主に日本消費経済学会での活動を中心にして，日本経済と消費の関係を考察してきた。本書はその成果を1つにまとめたものである。全国大会，部会での研究報告や，学会の研究学術誌『消費経済研究』への論文投稿をはじめとして，さまざまな場面で日本消費経済学会の先生方にお世話になった。個別にお名前は記さないが，長い間にわたり研究活動を支えてくださった先生方に心からお礼申し上げる次第である。

　最後に，本書出版の機会を与えていただいた創成社の代表取締役塚田尚寛氏に衷心より感謝を申し上げたい。また，企画の段階から編集まで多大なご尽力をいただいた西田徹氏に厚くお礼申し上げる。

平成31年4月1日

関谷喜三郎

索　引

ア

IT 革命	28
アカロフ	186
アベノミクスの3本の矢	146
安全資産	40
eエコノミー	29
移行期的混乱	190
依存効果	179
ウェーバー	176
ヴェブレン	177
──効果	177
内田隆三	188
ウーマン・エコノミー	120
エコビジネス	33
M字カーブ	107

カ

改正高齢者雇用安定法	164
価格誘発的富効果	38
家計所得の2極化	70
加速化依存症	190
株主への配当	166
ガルブレイズ	178
観光産業	117
完全失業率	84
企業の利益配分	166
危険資産	40
帰属計算	6

帰属家賃	6
期待恒常所得	156
グリーン・エネルギー	79
グリーン・ニューディール政策	79
グローバル・スタンダード	30
経済循環図	1
ケインズ	37
──革命	174
結合の誤り	95
限界革命	174
限界消費性向	74
衒示的消費	177
公的負担	157
高齢化率	161
高齢社会	161
国内総支出	8
国内総生産（GDP）	5
国富論	173
コトラー	184
雇用者報酬	151
雇用トライアル制度	99
雇用劣化不況	101

サ

産業間の労働移動	134
産業別雇用形態	130
産業別男女雇用者数	132
三面等価の原則	9
ジェヴォンズ	175

索 引 | 195

資産価値下落 20	**タ**
資産価値変化 37	耐久消費財 54
資産デフレ 20, 44	———の循環的変動 60
実感なき成長 68	ダブルインカム 116
実質可処分所得 146	男女雇用機会均等法 106
実質残高効果 38	男女賃金格差 110
GDP ギャップ 63	地域産業の活性化 98
ジニ係数 82	賃金格差 130
死亡年齢の不確実性 162	———是正 138
資本価値の意外の変化 37	低賃金雇用 95
若年労働者 91	デフレーション 26
自由からの逃走 182	デモンストレーション効果 178
消費社会と権力 188	デューゼンベリー 177
消費社会の神話と構造 181	ドーア 72
消費者主権 178	同一価値労働・同一賃金 70
消費者態度指数 155	共働き世帯 106
消費生活白書 116	
消費動向調査 155	**ナ**
消費の不確実性 161	内需主導の成長 68
消費不況 22	内部留保 166
将来の不確実性 159	
女性の結婚・出産と離職 108	**ハ**
女性労働者 105	蜂の寓話 176
シラー 186	バブル崩壊 15
スケール・メリット 28	バランス・シート不況 78
ストック循環 56	ピグー効果 38
ストック調整 54	非自発的雇用 180
スミス 173	非正規雇用 85
製造業 126	非製造業 126
成長屈折 15	平川克美 190
セーフティネット 188	フィッシャー効果 47
専業主婦 112	フィリップス曲線 122
総供給 12	不道徳な見えざる手 186
総需要 12	
総務省家計調査 162	

プロテスタンティズムの倫理と
　資本主義の精神 176
フロム 182
ペイ・エクイティ 111
平均現金給与総額 125
平均消費性向 146
ポジティブ・アクション 119
ボードリヤール 181

マ

マシューズ 61
マネーサプライ 39
マンデヴィル 176
メイソン 177
メイヤー 38
メッツラー 37

ヤ

役員報酬 166
有閑階級の理論 177

有効需要の原理 14
有職女性 112
輸出依存型の経済成長 67
ゆたかな社会 178
UV 曲線 123
予備的動機による貨幣需要 158

ラ

ライフサイクル仮説 162
ライベンシュタイン 177
ラチェット効果 178
利子率誘発的富効果 38
リーマン・ショック 62
労働市場の二重構造 92
労働者派遣法 93
労働生産性 135

ワ

わが孫たちの経済的可能性 175
ワークライフ・バランス 118

《著者紹介》

関谷喜三郎（せきや・きさぶろう）

　　1950 年生まれ。1973 年日本大学経済学部卒業，1978 年同大学院商学研究科博士課程修了。現在，日本大学商学部教授。日本消費経済学会会長，国家公務員試験専門委員等を歴任。

〈主要業績〉

『ケインズ経済学を超えて』共訳，東洋経済新報社，1984 年。
『ケインズの経済学とケインジアンの経済学』共訳，日本経済評論社，1990 年。
『現代マネタリーエコノミックス』共訳，多賀出版，1997 年。
『ミクロ経済学』創成社，2001 年。
『マクロ経済と金融』共著，慶應義塾大学出版会，2002 年。
『マクロ経済学』共著，創成社，2007 年。
『金融と消費者』編著，慶應義塾大学出版会，2009 年。
『マクロ経済の分析』共著，慶應義塾大学出版会，2010 年。
『ケインズ　最も偉大な経済学者の激動の生涯』共訳，中央経済社，2017 年。

（検印省略）

2019 年 5 月 20 日　初版発行　　　　　　　　　　略称 ― 消費需要

消費需要と日本経済

著　者	関谷　喜三郎	
発行者	塚　田　尚　寛	

発行所　東京都文京区　**株式会社 創 成 社**
　　　　春日 2−13−1

　　　　電　話 03（3868）3867　　FAX 03（5802）6802
　　　　出版部 03（3868）3857　　FAX 03（5802）6801
　　　　http://www.books-sosei.com　振替 00150-9-191261

定価はカバーに表示してあります。

©2019 Kisaburo Sekiya　　　組版：トミ・アート　印刷：エーヴィスシステムズ
ISBN978-4-7944-3199-8 C3033　製本：カナメブックス
Printed in Japan　　　　　　落丁・乱丁本はお取り替えいたします。

―――――――― 経済学選書 ――――――――

消 費 需 要 と 日 本 経 済	関 谷 喜三郎	著	2,150 円
現 代 経 済 分 析	石 橋 春 男	編著	3,000 円
マ ク ロ 経 済 学	石 橋 春 男 関 谷 喜三郎	著	2,200 円
ミ ク ロ 経 済 学	関 谷 喜三郎	著	2,500 円
アジアのコングロマリット ― 新興国市場と超多角化戦略 ―	澤 田 貴 之	著	2,500 円
ア ジ ア 社 会 経 済 論 ― 持続的発展を目指す新興国 ―	澤 田 貴 之	編著	2,600 円
中国企業対外直接投資のフロンティア ―「後発国型多国籍企業」の対アジア進出と展開―	苑 志 佳	著	2,800 円
地 域 発 展 の 経 済 政 策 ― 日 本 経 済 再 生 へ む け て ―	安 田 信之助	編著	3,200 円
「日中韓」産業競争力構造の実証分析 ―自動車・電機産業における現状と連携の可能性―	上 山 邦 雄 郝 燕 書 呉 在 烜	編著	2,400 円
マ ク ロ 経 済 入 門 ― ケ イ ン ズ の 経 済 学 ―	佐々木 浩 二	著	1,800 円
新 ・ 福 祉 の 総 合 政 策	駒 村 康 平	編著	3,200 円
グローバル化時代の社会保障 ― 福 祉 領 域 に お け る 国 際 貢 献 ―	岡 伸 一	著	2,200 円
入 門 経 済 学	飯 田 幸 裕 岩 田 幸 訓	著	1,700 円
マクロ経済学のエッセンス	大 野 裕 之	著	2,000 円
国 際 公 共 経 済 学 ― 国 際 公 共 財 の 理 論 と 実 際 ―	飯 田 幸 裕 大 野 裕 之 寺 崎 克 志	著	2,000 円
国際経済学の基礎「100項目」	多和田 眞 近 藤 健 児	編著	2,500 円
ファーストステップ経済数学	近 藤 健 児	著	1,600 円
財 政 学	望 月 正 光 篠 原 正 博 栗 林 隆 半 谷 俊 彦	編著	3,100 円

（本体価格）

―――――――― 創 成 社 ――――――――